Die Geschichte von Katharina

aus der
Sendung mit der Maus

Die Geschichte von Katharina

aus der *Sendung mit der Maus*

Herausgegeben von Elisabeth Habel
und Dieter Saldecki

Herausgeber und Verlag bedanken sich für die Mithilfe und Unterstützung an diesem Buch vor allem bei den Eltern von Katharina und bei Katharinas Großmutter;

Prof. Dr. Voit, Dr. Fuchs, Wilfried Höfermann, Marliese Wintgens, Birgit Haack und Michael Beine;

Armin Maiwald, Renate Herrmann, Kai von Westerman;

Friedrich Streich, Martina Grimm, Gabi Herl, Susanne Meissner, Heidrun Wilkening;

Birgit Esser, Michael Daum, Markus Albert, Barbara Lange;

Judy Bister, Ina Schmidt, Verena Müller

Die Abbildung auf S. 6 stammt von Katharinas Mutter

© J. Schmitt-Menzel / F. Streich / WWF
Die Sendung mit der Maus ® WDR
Lizenz: BAVARIA SONOR,
82031 Geiselgasteig

Deutsche Bibliothek - CIP-Einheitsaufnahme

Die Geschichte von Katharina aus der Sendung mit der Maus / hrsg. von Elisabeth Habel und Dieter Saldecki. – 1-Aufl. - Köln : vgs, 1998
ISBN 3-8025-2580-9

1. Auflage 1998
© der Buchausgabe: vgs verlagsgesellschaft, Köln
Alle Rechte vorbehalten
Redaktion: Katharina Tilemann
Umschlag und Innengestaltung: Christa Stüber, Köln
Der auf dem Umschlag abgebildete Brief ist graphisch bearbeitet, inhaltlich jedoch nicht verändert worden (Original S. 39)
Produktion: Ilse Rader
Satz: Druckvorlagenservice Hans Achtermann KG, Köln
Druck: Freiburger Graphische Betriebe, Freiburg
Printed in Germany
ISBN 3-8025-2580-9

Inhalt

Vorwort 6

Wie alles begann 9
*Vom Brief der Großmutter
und was dann geschah*

**Die Geschichte von Katharina,
wie der Film sie erzählt** 16

**Von den Dreharbeiten bis zur
Sprachaufnahme** 26
Wie der Film über Katharina gemacht wurde

**Wie die Zuschauer über die Sendung
zum 26. Geburtstag der *Maus* informiert
wurden** 34

Briefe an die *Maus* 38
*Was die Zuschauer nach der Sendung
geschrieben und gemalt, gelobt und kritisiert
oder einfach nur gedacht haben*

Die *Maus* antwortet 73

Gespräch mit Katharinas Eltern… 80
*…über die Sendung, die Dreharbeiten, die
Zuschauerpost und natürlich über Katharina*

Tagebuch von Katharinas Mutter 80

Kinderarzt Dr. Albert Fuchs… 112
*… über seine kleinen Patientinnen und
Patienten und deren Eltern, den Film und sein
persönliches Erleben von Katharinas Tod*

Prof. Dr. Thomas Voit… 116
*…über die Reaktionen auf die Sendung und
seine Arbeit mit schwerstbehinderten Kindern
und deren Familien*

Anhang 129
*Weiterführende Adressen von Organisationen
und Vereinen*

Für Katharina

Wenn Du bei Nacht den Himmel anschaust,
wird es Dir sein, als lachten alle Sterne,
weil ich auf einem von ihnen wohne.

Antoine de Saint-Exupéry

Vorwort

Am 10. März 1997, dem 26. Geburtstag der *Maus*, wurde die »Geschichte von Katharina« zum erstenmal in der ARD ausgestrahlt.

Nachdem der WDR das 25jährige Jubiläum der *Maus* 1996 mit dem »*Maus*-Zug«, dem »*Maus*-oleum« und beim Fest vor dem Kölner Dom mit vielen Fans gefeiert hatte, widmete die Redaktion die Geburtstagssendung im Jahr danach zum erstenmal in der Geschichte der *Sendung mit der Maus* einem einzigen Menschen: Katharina.

Der Film erzählt die Lebensgeschichte der behindert geborenen Katharina. Sie war ein großer *Maus*-Fan und starb im Alter von sieben Jahren genau in der Nacht vor dem großen Fest zum 25. Geburtstag der Sendung, auf das sie sich so sehr gefreut hatte.

Die Resonanz war – auch für *Maus*-Verhältnisse – überwältigend. Etwa 400 zum Teil sehr persönliche Briefe von kleinen und großen Zuschauern gingen in Köln beim WDR-Kinderprogramm ein. Kinder erzählten die Geschichte auf ihre ganz eigene Weise nach, schickten selbstgemalte Bilder und Grüße an Katharinas Eltern. Erwachsene erzählten ihre Erfahrungen mit eigenen behinderten Kindern; vor allem aber berichteten sie von den Reaktionen der kleinen *Maus*-Zuschauer auf diese Sendung von einem ganz besonderen Leben und dem Tod.

Und immer wieder gab es Fragen, zum Beispiel danach, warum Katharina eigentlich gestorben ist? Viele wollten auch mehr über diese seltene Krankheit wissen, mit den Eltern Kontakt aufnehmen oder mit den Ärzten.

Deutlich wurde vor allem eins: Tod ist ein Thema, auch und gerade bei Kindern. Gemeinsam hatten viele Väter, Mütter und Kinder vor dem Fernseher Katharina bewundert, um sie getrauert und oft sogar geweint. Jetzt fühlten sich viele durch diesen Film befreit, weil ihre Kinder plötzlich ganz von allein anfingen, über dieses Tabu zu reden, und mehr wissen wollten über ihre verstorbene Großmutter, den verstorbenen Großvater und ganz konkrete Fragen stellten. Einige wenige fühlten sich von ihren Kindern und für ihre Kinder überfordert, meldeten Protest an, schrieben von den Ängsten ihrer Kinder in den Tagen und Nächten nach der Sendung. Auch diese Post wurde vom *Maus*-Team sehr ernst genommen.

Dies alles hat die *Maus*-Redaktion dazu bewogen, zum erstenmal in der Geschichte dieser Sendereihe die Entstehungsgeschichte einer *Maus*-Sendung in einem Buch zu dokumentieren, zu erzählen, wie alles begann, wie der Film realisiert wurde, wie wichtig Katharinas Leben plötzlich für die Redaktion und das Filmteam wurde. Außerdem sollten Katharinas Eltern, die Ärzte, aber auch all die anderen, die von Katharinas Leben und Tod für die *Maus* erzählt hatten, ausführlicher, als dies in der halbstündigen Sendung möglich war, zu Wort kommen.

Viele der Zuschauerbriefe und Kinderzeichnungen, die das *Maus*-Postbüro in den Wochen nach der Sendung erreicht haben, und natürlich auch die Antworten sind in diesem Buch nachzulesen.

Leider war es nicht möglich, alle eingegangenen Briefe abzudrucken. Wir haben uns bei der Auswahl jedoch darum bemüht, die Vielschichtigkeit der darin dargestellten Empfindungen erkennbar werden zu lassen. Die meisten Briefe haben wir in ihrer Originallänge belassen. Kürzungen wurden nur dann vorgenommen, wenn sich Teile der Briefe inhaltlich nicht auf die Sendung bezogen oder Aspekte sich wiederholten.

Da wir sämtliche Reaktionen, positive und kritische, vorstellen wollten, nehmen die ablehnenden Briefe im Buch einen größeren Raum ein, als dies tatsächlich der Fall war. Nur in neunzehn von den ca. vierhundert Zuschriften äußerten Zuschauer negative Kritik.

Darüber hinaus gibt es im Anhang einen Serviceteil, in dem Adressen von Organisationen, Verbänden und Vereinen genannt sind, die in konkreten Fällen vielleicht weiterhelfen können.

Elisabeth Habel
freie Autorin für die Sendung mit der Maus

Dieter Saldecki
Leiter des Kinder- und Jugendprogramms
Fernsehen, WDR

WIE ALLES BEGANN

Jede Woche werden in der *Sendung mit der Maus* viele und ganz unterschiedliche »Lach- und Sachgeschichten« gezeigt. Manchmal handeln die Sachgeschichten auch nur von einem einzigen Thema. Die Sendung zum 26. Geburtstag der *Maus* war zum erstenmal einem einzigen Menschen gewidmet: Katharina. Sie ist mit sieben Jahren, genau an dem Tag, als die *Maus* zusammen mit ihren kleinen und großen Freunden ihren 25. Geburtstag feierte, gestorben. Katharinas Großmutter hatte der *Maus* einen Brief geschrieben, in dem sie ihr von dem Tod ihrer Enkeltochter berichtet und der in der *Maus*-Redaktion große Betroffenheit ausgelöst hatte. Dieter Saldecki, der seit vielen Jahren für die Sachgeschichten in der *Maus*-Sendung verantwortlich ist, erzählt, was dieser Brief bei ihm bewirkt hat und warum die Antwort an die Großmutter, die schon fertig geschrieben war, doch nicht abgeschickt wurde. Statt dessen hat Armin Maiwald einen ganz anderen Brief verfaßt ...

den 16. 7. 1996

Liebe Maus,

seit Wochen will ich Dir schreiben, aber Du wirst gleich verstehen, weshalb es mir sehr schwer wurde. Ich bin die Großmutter von Katharina (7) und ihrer kleinen Schwester Magdalena - Sophie (3). Sie malten und bastelten zu Deinem Geburtstag und haben sich auch bedankt — aber nun sollst Du schnitten Fensterbilder aus und schrieben Dir. Du hast Dich auch bedankt — aber nun sollst Du auch das traurige Ende einer großen Liebe zu Dir erfahren: Katharina wurde am 1.1. 1989 geboren. Das 1. halbe Jahr verbrachte sie mit ihrer Mutter Christiane auf der Kinderstation der Uni-Klinik ~~~~~~ Sie hatte eine noch ziemlich unerforschte, seltene Krankheit: Zentronukleäre Myopathie. Trotz gegensätzlicher Voraussagen, machte sie große Fortschritte — gefördert von den Eltern und Ärzten und ihrem eigenen wachen Geist und ihrem fröhlichen Lebenswillen. Katharina nahm so bewußt am Leben teil, daß wir alle verwundert waren. Kindergarten, Förder-maßnahmen, Reisen, Schule, Kinder freund-schaften und ihre 3 jährige Schwester Magdalena bereicherten ihre Lebensqualität. Der „E-Rolli" gab ihr ein Stück Selbständigkeit, sie war ein frohes Kind, kreativ, trotz vieler Klinikaufenthalte eine gute Schülerin. Trotz Muskelschwäche malte sie gern, ausschneiden und andere Gestaltungs-möglichkeiten versuchte sie — Nie versäumte Katharina die Sendung mit der Maus, die gehörte zum Sonntag. (Auch „Wildfang" Magdalena war dann ganz still und aufmerksam — Beide freuten sich auf den Mausgeburtstag — Katharina starb plötzlich - aber ohne Kampf — ins am Frühlingssonntagmorgen — am Geburtstag der Maus.

Mutter Christiane war zur Ausstellung, gleich in den ersten Tagen nach der Eröffnung, in Köln. Sie hat wohl in den vielen Bildern auch noch Spuren ihres verstorbenen Kindes gesucht.

Magdalena - die sonst immer eine Steiff-Katze mit ins Bett nahm — hatte am 22.1.96 auch eine große Maus bekommen — die darf nun mit ihr kuscheln und träumen.

Ich wünsche der Maus noch viele gute Sendungen und ein langes Leben.
Herzlichst! Ihre
Hannelore N.

Wie aus diesem Brief eine *Sendung mit der Maus* wurde

Alles war wie immer ... und doch ganz anders.

Als ich im Juli 1996, wie so oft, in das *Maus*-Postbüro wanderte, um stichprobenartig nachzuschauen und nachzulesen, was die kleinen oder großen *Maus*-Fans uns geschrieben hatten, war ich – in 25 *Maus*jahren ergraut und erfahren – auf vieles gefaßt.

Zum Beispiel auf Fragen wie: »Wie viele Lebewesen sind in einer Handvoll Erde?«... oder: »Wie werden Kaugummis gemacht oder Gummistiefel?«... oder auf die Frage nach dem »lieben Gott«, vielleicht sogar: »Wie ist eigentlich die Erde, ja überhaupt *alles* entstanden?«

Solche und ähnliche Wünsche haben wir in vielen tausend Briefen mit den wunderschönen, selbstgemalten Bildern oder Geschenken an *Maus*, Elefant, Ente, Christoph, Armin und die Redaktion, die uns jedes Jahr erreichen, schon gefunden. Aber einen Brief wie den von Katharinas Großmutter hatte ich noch nie, seit ich bei der *Sendung mit der Maus* mitarbeiten darf, gelesen.

Sie schrieb uns unter dem Datum 16.07.96, daß ihre Enkeltochter Katharina, ein großer *Maus*-Fan, genau in der Nacht zu unserem großen *Maus*-Geburtstag im Alter von sieben Jahren gestorben sei. Katharina sei behindert gewesen durch eine sehr, sehr seltene Krankheit, die eigentlich nur Jungen bekämen, eine ganz besondere Muskelschwäche: Zentronukleäre Myopathie. Niemand hätte geglaubt, daß sie jemals solche Fortschritte, »gefördert von den Eltern und Ärzten und ihrem eigenen, wachen Geist und ihrem fröhlichen Lebenswillen« machen würde.

Aber Katharina hätte dies alles geschafft. Zuletzt sei sie in die erste Klasse gegangen, wo sie mit ihrem Elektro-Rolli viele Bewunderer hatte.

Jetzt sei sie tot, gestorben in der Nacht zum 25. Geburtstag der *Maus*. Während wir mit 500.000 kleinen und großen *Maus*-Fans auf der Domplatte in Köln zusammengekommen waren, hätte einer unserer größten Fans, obwohl Katharina und die Familie sich seit Tagen darauf vorbereitet hatten, nicht mehr mitfeiern können. Dies wollte sie uns nur mitteilen, wir sollten dies wissen.

Und ihr Schlußsatz: »Ich wünsche der *Maus* noch viele gute Sendungen und ein langes Leben.«

Diesem Brief lagen zwei Fotos bei: eins, das das festlich mit *Maus*, Elefant und Ente geschmückte Zimmer von Katharina zeigt, auf dem anderen war die tote Katharina im Sarg mit ihrem geliebten Kuscheltier, der *Maus*, zu sehen.

Der eigentliche Anlaß, den Brief an die *Maus* zu schreiben, war für mich - neben der Tatsache, daß Katharina ausgerechnet am *Maus*-Geburtstag, auf den sie sich so gefreut hatte, gestorben war - der Anblick von Katharina mit der *Maus* im Sarg. Es hat mich sehr angerührt, wie schön meine Tochter alles gemacht hatte. Sie hatte ihr alles mitgegeben, was Katharina geliebt hatte: ihr schönes Schulkleid, ihr Schlaffell, ihre erste Spieluhr, ihre Glitzerohrringe und eben die große Kuschel-*Maus*. Ja, so ist eine *Maus*, die Katharina gehörte, unter die Erde gekommen. Ich habe den Brief ganz unbedarft geschrieben, aus dem Bauch heraus. Ich hatte nicht einmal damit gerechnet, eine Antwort zu bekommen.

Als ich Katharina im Krankenhaus zum ersten Mal sah, konnte ich keine Behinderung entdecken. Sie sah ganz normal aus. Alles war dran. Sie hatte ein hübsches Gesichtchen mit wunderschönen Augen. Die waren sehr faszinierend. Sie blickte mich mit diesen hellen wachen Augen an und hatte sofort mein Herz gewonnen.

Wir haben viel Schönes zusammen erlebt. Einmal haben nur wir beide, mitten im Sommer, bei mir im Garten ein ›Lichterfest‹ veranstaltet. Wir haben überall Kerzen und Teelichter aufgestellt und Lampions aufgehängt. Der ganze Garten war erleuchtet. Es war Vollmond, eine klare Nacht, und viele Sterne waren zu sehen. Katharina war vollkommen begeistert. »Guck mal, Oma, von hier sieht es ganz toll aus!« Sie fuhr mit ihrem Rollstuhl im Garten herum und freute sich an dem Anblick. Bis zwölf Uhr nachts haben wir zusammen im Garten gesessen, gequatscht und die Lichter und den Sternenhimmel bewundert. Katharina lebte gerne, das merkte man ihr an.

Die *Maus* -Redaktion hatte schon einen Antwortbrief entworfen. Sensibel, liebevoll, voller Respekt vor Katharina und ihren Angehörigen (siehe S. 14).

Ich gestehe, daß ich für einen Augenblick erstarrte. Gleichzeitig erwachte in mir die journalistische Neugier, oder sagen wir es genauer: das Interesse an der ganz besonderen Lebensgeschichte von Katharina. Ich überlegte, ob in diesem Brief nicht die vielleicht einmalige Möglichkeit steckt, unseren *Maus*-Zuschauern, Kindern und Erwachsenen, die mit uns auf so viele abenteuerliche Reisen – von der Atomkraft über den Weltraum bis zur Nachkriegs-*Maus* – gegangen sind, etwas vom Tod – und damit vom Leben – zu erzählen?

In einem war ich mir allerdings zu diesem Zeitpunkt ganz sicher: Wir würden das Foto mit Katharina im Sarg nie in der *Maus* ausstrahlen.

Tagelang habe ich beide Briefe mit mir herumgetragen, den von Katharinas Großmutter und unseren Beileidsbrief. Tod war für mich seit langem, nicht nur als gelernter Theologe, ein Thema. Und schon in meinen frühen *Maus*jahren habe ich versucht, Kindern davon zu erzählen, was alles geschieht, wenn ein Großvater oder eine Großmutter altersbedingt gestorben ist. Dabei sind wir immer wieder gescheitert. Denn der Tod, so wie wir ihn uns vorstellen, das weiß ich heute, findet und fand wahrscheinlich nie so statt. Statt dessen drehten wir »Aalfischer« und »Schuhe besohlen« … Das Thema hat mich aber niemals losgelassen.

Eine Woche später habe ich mich dann entschlossen, unseren Beileidsbrief nicht abzuschicken. Statt dessen hatte ich ein längeres Gespräch mit Armin Maiwald, meinem langjährigen Partner bei vielen Sachgeschichten und *Maus*-Specials, in dem ich ihn gebeten habe, die Geschichte von Katharina für die *Maus* zu erzählen. Seine erste Reaktion: »Ich glaube nicht, daß ich das kann.«

Bevor er Katharinas Großmutter dann doch zurückgeschrieben hat und um Erlaubnis gebeten hat, Katharinas Geschichte für die *Maus* zu erzählen, haben wir noch viele Gespräche miteinander geführt. Zum einen darüber, ob wir mit einem solchen Film nicht die Würde eines Menschen verletzen würden; welche Bilder wir eigentlich zeigen könnten; ob es uns wirklich gelingen könnte, sensibel, vorsichtig und ehrlich die tote Katharina für eine *Maus*-Sendung zum Leben zu erwecken (damals wußten wir noch nichts von den Video-Aufnahmen, mit denen ihr Vater ihr Leben dokumentiert hat). Und noch eins bewegte uns: Wie und ob wir Katharinas Angehörige wirklich vor den Haien der bunten Boulevardpresse schützen könnten.

Andererseits fragten wir uns, wie unsere Zuschauer reagieren würden. Wie könnten wir Kindern und ihren Eltern mitteilen, daß es in dieser ganz besonderen *Maus* um Tod gehen würde, ohne gleichzeitig das Thema wieder zum Tabu zu erheben? Denn genau das wollten wir nicht. Diesen Film, wenn wir ihn denn je fertigstellen würden, sollten auch kleinere Kinder, begleitet von Armins vertrauter Stimme, allein vor dem Fernseher erleben können.

Das war die Herausforderung, die wir uns selbst gestellt hatten. Wie und ob wir sie bestehen würden, wußten wir nicht.

In einem waren wir uns immer einig: Wenn es uns nicht gelingen würde, die Würde aller beteiligten Menschen zu wahren, würden wir das Material nie ausstrahlen.

Daß es anders gekommen ist und daß wir über den Tod hinaus letztendlich eine Geschichte vom Wert des Lebens erzählen konnten, verdanken wir einzig und allein *Katharina*, ihren Eltern Niko und Christiane … und natürlich: ihrer Großmutter.

Dieter Saldecki

Ein Brief, der nie abgeschickt wurde ...

Liebe Frau N.,

heute haben wir Ihren Brief mit der sehr traurigen Nachricht vom Tode Katharinas bekommen.

So viele positive Reaktionen und Glückwünsche sind anläßlich des 25. Geburtstages der *Maus* bei uns eingetroffen ... Um so trauriger waren wir über Katharinas Tod. Aber auch das gehört dazu. Freud und Leid liegen sehr oft beieinander.

Tröstende Worte für Sie, Katharinas Eltern und ihre Schwester zu finden ist sehr schwer. Ein Kind in dem Alter zu verlieren ist sicherlich das Schlimmste, was sich in einem Leben ereignen kann. Was jedoch bleibt, sind Erinnerungen. Erinnerungen an Katharina, die – wie wir Ihrem Brief entnehmen konnten – trotz ihrer Krankheit ein fröhliches und unbeschwertes Leben führen konnte. Diese Kraft, mit welcher sie trotz Krankheit am Leben teilnahm, hilft Ihnen vielleicht, in ihrem Sinne weitermachen zu können.

Wir als *Maus*team sind froh, Katharina auf ihrem Lebensweg ein Stück begleitet zu haben. Wenn auch nicht persönlich, dann aber doch durch Bilder und Geschichten. Die glücklichen Stunden, die Katharina und Magdalena gemeinsam vor der *Maus* verbrachten, machen auch uns froh. Daß die *Maus* als Puppe Katharina nun auch auf ihrem letzten Weg begleitet hat, wäre sicher in ihrem Sinne. Sie kann nicht nur die schwierigen Dinge des Lebens erklären und Spaß verbreiten, sondern leistet auch sicher Hilfe und spendet Trost.

In den nächsten Tagen werden wir die Glückwünsche an die *Maus* nochmals lesen. Sollte ein Brief oder ein Bild von Katharina dabeisein, schicken wir es Ihnen gerne zu. Sicher sind Sie für alle schönen Erinnerungen an sie dankbar. Auch wir werden sicher oft an Katharina denken, als eine liebe, treue Freundin der *Maus*, durch die der *Maus*-Geburtstag zu einem besonderen Gedenktag geworden ist.

Mögen alle schönen Erinnerungen und auch Magdalena Ihnen die Kraft geben, die nächsten schlimmen Wochen zu überstehen.

Der Brief, den Armin Maiwald an Katharinas Großmutter geschrieben hat:

Sehr geehrte Frau N.,

soeben erhalte ich aus unserer Redaktion den erschütternden Brief über den Tod Ihrer Enkelin Katharina am 10. März.

Zunächst einmal möchte ich Ihnen meine tiefempfundene Anteilnahme zum Ausdruck bringen. Ihr Brief hat uns sehr nachdenklich gemacht. Wir haben lange darüber geredet und uns vorgestellt, wie wir fröhlich feierten, während Sie mit diesem schrecklichen Schicksalsschlag fertig werden mußten. Was kann Schlimmeres passieren, als daß man ein Kind in so jungen Jahren verliert? Andererseits ist es aber auch schön für uns, zu wissen, daß wir Katharina in ihrem kurzen und sicher nicht leichten Leben mit unseren *Maus*-Geschichten Freude machen durften.

Daß Sie uns Ihre Enkelin als *Maus*-Fan geschildert haben, daß Sie uns diesen bewegenden Brief geschrieben haben, und schließlich das Sterbedatum selbst haben uns zu einer Überlegung gebracht, die ich gerne an Sie weitergeben möchte.

Könnten Sie sich vorstellen, daß es möglich ist, Katharinas kurzes Leben für die »Sendung mit der Maus« in einem Film nachzuzeichnen, um die Erinnerung an sie bei Ihnen, bei uns und all den anderen Mauskindern wachzuhalten? Denn die *Maus* berichtet ja nicht nur von schönen und lustigen Dingen, sie wendet sich auch den traurigen Seiten des Lebens zu. Wenn Sie bei diesem Ansinnen aber auch nur die geringsten Bedenken haben – welcher Art auch immer –, zögern Sie nicht, uns das wissen zu lassen. Nichts läge uns ferner, als Ihren Schmerz zu vergrößern oder Ihnen sogar neuen zuzufügen zu wollen.

Wie würden sich Katharinas Eltern dabei fühlen, wie Magdalena, die kleine Schwester, und vor allem: Würde Katharina selbst das gewollt haben?

Denken Sie in aller Ruhe erst einmal selbst darüber nach. Wenn Sie glauben, daß es möglich ist, sprechen Sie mit Ihrer Familie darüber. Wenn Sie aber das Gefühl haben, daß man so etwas nicht versuchen sollte, lassen Sie es mich wissen. Dann belasten Sie bitte Ihre Familie erst gar nicht mit meinem Ansinnen, um nicht neue Wunden aufzureißen.

Daß Sie uns diesen traurigen, trotzdem aber auch so gefaßten Brief geschickt haben, der Katharinas Leben mit all seinen Schwierigkeiten so positiv und optimistisch darstellt, hat mich dazu ermutigt, mich zunächst an Sie zu wenden und nicht an die Eltern.

Ich würde mich freuen, wenn Sie sich bei mir melden würden.

2.8.96

Ihr Armin Maiwald

DIE GESCHICHTE VON KATHARINA

»Katharina hatte ein kurzes, aber schönes Leben«, schrieb ein kleiner *Maus*-Zuschauer nach der Sendung über sie. Wie Katharinas Leben verlief und welchen Eindruck sie bei den Menschen, die sie kannten, hinterlassen hat, schildert dieses Kapitel...

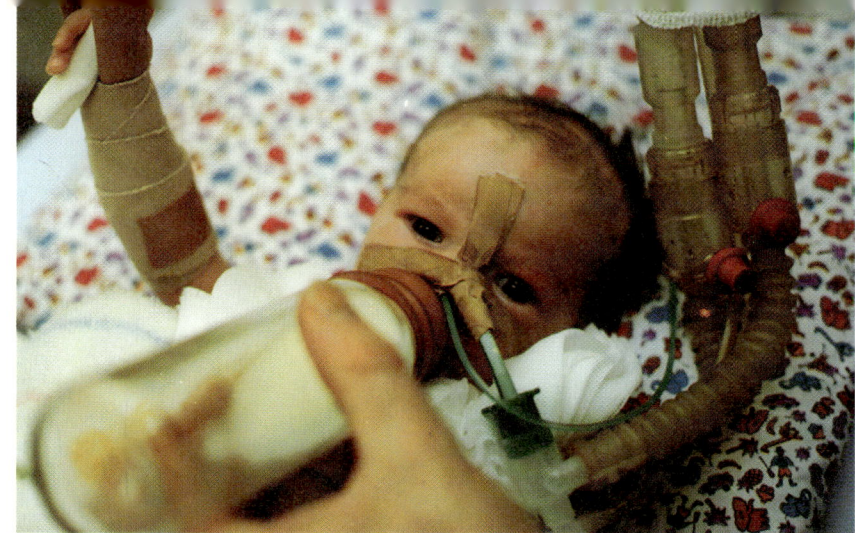

Die Geschichte von Katharina

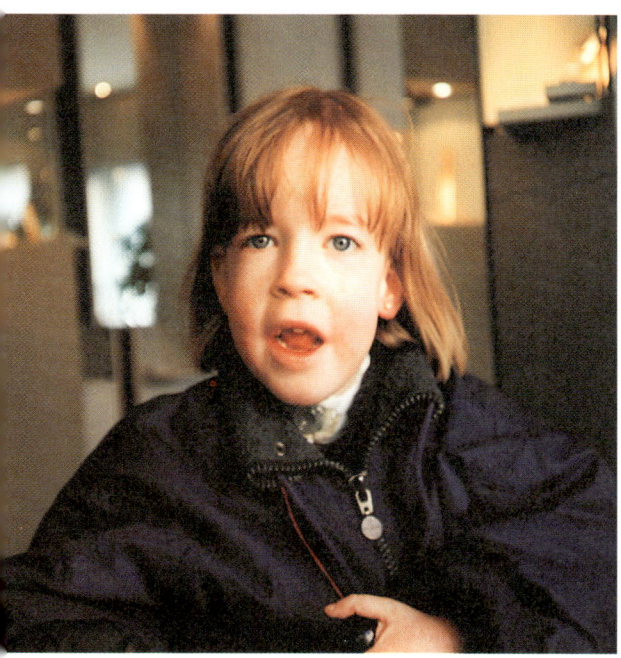

Katharina im März 1996

Hand. Sie konnte nicht selbständig atmen, so daß sie an ein Beatmungsgerät angeschlossen werden mußte. Katharina hatte eine sehr seltene Muskelkrankheit, die gewöhnlich nur Jungen bekommen: Zentronukleäre Myopathie. Bei die-

Intensivstation – erste Trink- versuche

Als Katharina am 1. Januar 1989 geboren wurde, war sehr schnell klar, daß irgend etwas mit ihr nicht stimmte. Sie konnte sich überhaupt nicht bewegen, bis auf den kleinen Finger der rechten

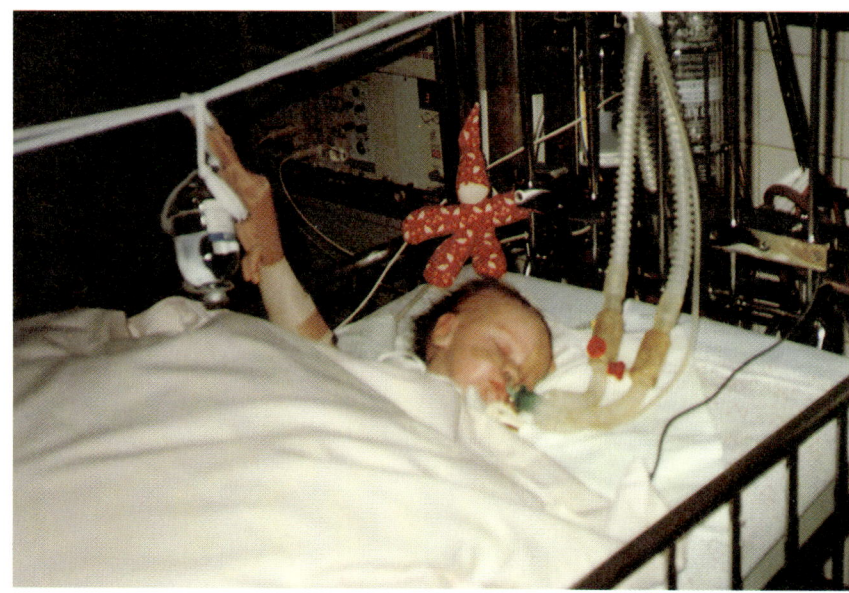

Katharina am Beatmungsgerät

ser Krankheit bilden sich keine Muskeln, und es gibt bis heute keine Möglichkeit, sie zu heilen.

Das bedeutete, sie würde nie alleine essen, trinken und sitzen können, nicht sprechen und nicht laufen lernen und wahrscheinlich nicht einmal fähig sein, alleine zu atmen. Die Eltern standen zusammen mit dem Arzt vor der Entscheidung, ob die künstliche Beatmung weiter fortgesetzt werden sollte oder nicht. Weil Katharinas Lebensaussichten so schlecht waren, entschlossen sie sich nach vielen Gesprächen mit Prof. Voit, die Maschinen abzustellen.

Und dann geschah ein Wunder.

Obwohl es eigentlich unmöglich schien, fing Katharina doch plötzlich von alleine an zu atmen. Ihr Zustand verbesserte sich von Tag zu Tag, und erstaunlicherweise fing sie zunehmend an, sich zu bewegen. Zwar viel weniger als ein gesundes Kind, aber sie machte Fortschritte.

Eines der größten Probleme war, daß sie nicht alleine husten konnte, denn auch dafür braucht man Muskeln. Durch das Husten wird der Schleim, der sich bei jedem Menschen immer wieder bildet, aus der Lunge herausbefördert. Bei Katharina blieb dieser Schleim aber in der Lunge zurück und mußte abgesaugt werden, damit die Atmung weiter funktionieren konnte. Da das Absaugen mit einem Schlauch, der durch den Mund und den Hals in die Lunge führt, schmerzhaft und sehr unangenehm ist, entschlossen sich die Eltern zu einem Luftröhrenschnitt, der das Absaugen sehr erleichtern würde.

Dadurch verbesserte sich Katharinas Zustand sehr. Nach einem halben Jahr hatte Katharina sich so weit entwickelt, wie es nach der Geburt keiner für möglich gehalten hätte. Sie war sogar so weit, daß sie das Krankenhaus verlassen konnte. Zuvor mußten ihre Eltern allerdings einen Intensiv-Kurs in Krankenpflege absolvieren. Sie lernten, wie man eine Magensonde legt, die Kanüle wechselt, die Lunge absaugt. Medizinische Geräte ergänzten die Einrichtung des Kinderzimmers. Katharinas Krankheit machte die ständige Anwesenheit ihrer Mutter erforderlich,

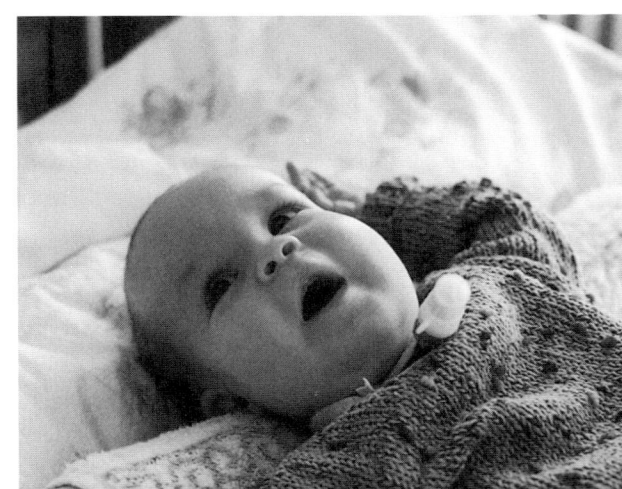

Ein halbes Jahr alt – endlich zu Hause

Katharina war ein glückliches Kind. Das gab es gar nicht, daß sie mal schlechte Laune hatte. Von den anderen Kindern wurde sie mit ihrer Behinderung unwahrscheinlich gut angenommen. Alle Kinder wollten ihr helfen, wollten ihr beim Essen z.B. den Löffel geben oder beim Zähneputzen die Zahnpasta draufmachen. Sie hatte aber ihren eigenen Kopf und entschied selber darüber, wer ihr behilflich sein durfte und wer nicht. Sie war sehr selbstbewußt und stand in der ihr vertrauten Gruppe auch gerne im Mittelpunkt.

Auf Katharinas Tod haben die Kinder unterschiedlich reagiert. Ein Kind fing an zu schreien und hörte erst nach mehreren Stunden auf. Das war seine Weise der Verarbeitung. Ein anderes zeigte sich zunächst nicht besonders beeindruckt und fing nach einem halben Jahr plötzlich an, Fragen zu stellen: Warum ist sie gestorben? Ist sie jetzt im Himmel? Ist sie ein Engel?

Es macht sehr viel Spaß, zu sehen, wie Kinder miteinander umgehen, wie sie lernen, aufeinander Rücksicht zu nehmen. Es ist eine schöne Lebensaufgabe, mit Behinderten zu arbeiten.

Ich liebe Kinder und habe mir immer gewünscht, mit ihnen zu arbeiten. Am Anfang des Zivildienstes dachte ich, es sei einfacher, mit gesunden Kindern umzugehen. Jetzt, nach der Erfahrung mit Katharina, denke ich nicht mehr so.

Wir haben uns schnell angefreundet. Natürlich hat sie, wie jedes Kind, versucht, ihre Grenzen auszuprobieren. Ich glaube, sie konnte mich ganz schön um den Finger wickeln. Es dauerte eine Weile, bis ich mich traute, zu sagen : »So, Mädchen, jetzt ist aber Schluß. So nicht.« Christiane hat mich darin sehr unterstützt.

Ich habe viel gelernt in der Zeit mit Katharina, vor allem, daß man dem Leben positiv gegenüberstehen sollte. Sie war so fröhlich, und jeden Morgen, wenn ich sie in der Schule traf, begrüßte sie mich mit einem gutgelaunten Lächeln. »Meine Kleine« habe ich immer gesagt, wenn ich von ihr erzählte.

Wir haben immer zusammen gespielt. Im Sandkasten hat sich einer von uns hinter sie gesetzt, damit sie nicht runterfällt. Sandförmchen konnte sie gut machen. Und beim Schaukeln saß sie auf meinem Schoß. Das ging.

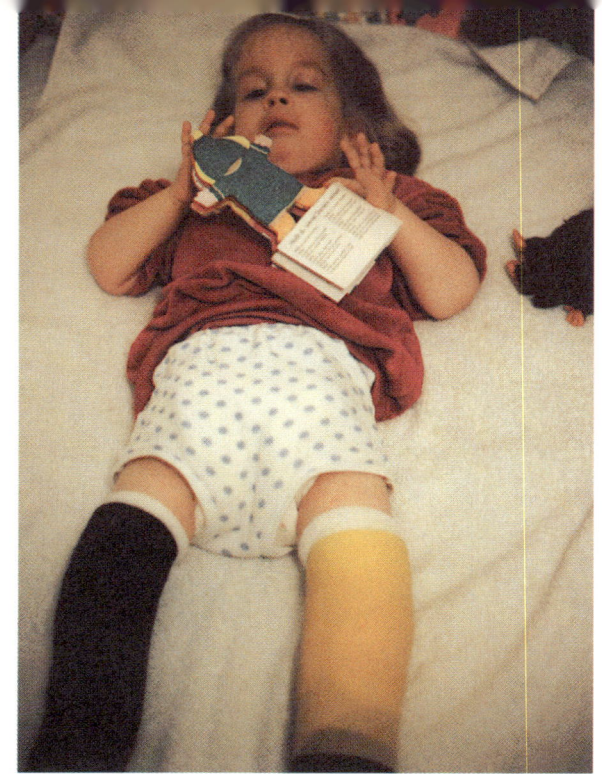

1992 –
Katharina mit
zwei Gipsbeinen
nach einer
Operation

bewegen. Dafür mußte sie jeden Tag üben. Später führte sie mit Unterstützung sogar einen Löffel zum Mund. Und mit einer Stütze im Rücken konnte sie auch sitzen. Sie verstand alles, war jedoch nach wie vor nicht in der Lage, zu sprechen.

Als sie zweieinhalb Jahre alt war, probierten die Eltern mit Katharina eine Sprechventilkanüle aus. Anfangs erschreckte es sie, ihre eigene Stimme zu hören, und es dauerte eine ganze Weile und brauchte viele Versuche, bis sie sich daran gewöhnt hatte. Trotzdem lernte sie erstaunlich schnell sprechen.

Nach wie vor bestand das Problem mit ihren kaum vorhandenen Muskeln. Damit ihre Gelenke, z.B. ihre Knie, beweglich blieben, mußte Katharina mehrfach orthopädisch operiert werden, was mit viel Schmerzen verbunden war.

Katharina wurde zusehends kräftiger und beweglicher. Aber sie mußte jede einzelne Bewegung immer wieder üben. Jeden Tag zu Hause und bei der Krankengymnastik. Sie freute sich über jeden Fortschritt. Trotz aller Verbesserungen war aber klar, daß sie niemals alleine würde gehen können.

Als Katharina vier Jahre alt war, wurde ihre kleine Schwester Magdalena geboren. Katharina war begeistert und konnte ihrer Schwester sogar schon Schlaflieder vorsingen. Magdalena war schon bald kräftiger als Katharina. Manchmal packte sie Katharinas Arm und biß fest hinein.

so daß sie ihrem Beruf nicht nachgehen konnte. Ihr Vater suchte sich eine neue Stelle, bei der er nicht mehr so viel unterwegs sein mußte.

Durch den Luftröhrenschnitt konnte Katharina jetzt zwar atmen, aber sie konnte keine Laute von sich geben, sie konnte nicht lachen und nicht weinen, sie war stumm. Deshalb mußte sie rund um die Uhr, Tag und Nacht, beobachtet werden. Nur an ihrem Gesichtsausdruck konnten die Eltern ablesen, ob ihr etwas fehlte und wann sie den Schleim aus der Lunge absaugen mußten – mitunter, wenn Katharina krank war, alle fünf Minuten.

Im Alter von zwei Jahren konnte Katharina mit den Händen greifen und ihre beiden Arme

Katharina konnte sich nicht dagegen wehren. Einmal brachten ihre Eltern daraufhin Magdalena zu ihr, damit sie Magdalena zurückbeißen konnte. Das lehnte Katharina ab: »Ich beiße keine kleinen Kinder.«

Im Sommer 1993 kam Katharina in einen integrativen Kindergarten, in dem behinderte und nicht behinderte Kinder zusammen sind. Sie fühlte sich dort sehr wohl, fand Freundinnen und war sehr beliebt.

Zu den Übungen, die Katharina für ihre Muskeln machen mußte, kamen jetzt noch Sprechübungen hinzu. Am Ende der Kindergartenzeit konnte sie schon sehr deutlich sprechen, und ihre Stimme war kräftiger geworden.

Katharina ›die Große‹ und Magdalena im Sommer 1994

Katharina und ihre Freundinnen beim Kindergartenausflug

Anfangs war ich selber unsicher, ob alles funktionieren würde. Aber wir haben zusammen alle Probleme gemeistert. Als sich etwa herausstellte, daß der Tisch für Katharina mit ihrem Rolli zu niedrig war, hatte ein Kind die Idee, zwei Bauklötzchen aus der Spieleecke unterzulegen – das war die Lösung! Katharina war in jeder Hinsicht integriert und auch bei allen Spielen dabei. Die Kinder erfanden neue Regeln, und dann klappte es auch. Beispielsweise war beim Nachlaufen am Rolli ›frei‹ oder die anderen durften nur gehen und sie fuhr.

Bei den Kindern ist das Bild von Katharina noch sehr lebendig. Lange Zeit blieb ihr Platz frei, niemand wollte sich dorthin setzen, und sie legten eine Blume oder andere kleine Geschenke hin. An ihrem ersten Todestag habe ich die Buchstaben K A T H A R I N A untereinander an die Tafel geschrieben, und die Kinder sollten jedem Anfangsbuchstaben zuordnen, was ihnen zu Katharina einfiel. Zum Schluß hatte sich eine vollständige Beschreibung ihrer Person ergeben.

Wir haben sie anschließend auf dem Friedhof besucht. Am Grab machte ein Kind den Vorschlag, wir könnten doch für Katharina ihr Lieblingslied *In einem kleinen Apfel* singen. Es waren nicht viele andere Besucher da, und ich stimmte dem Vorschlag zu. Alle sangen ergriffen mit. Die Kinder zeigten ihre Trauer auf vielfältige Weise. Einige beteten das Vaterunser, ein Kind bedauerte, keine Kerze dabei zu haben. Ein türkisches Mädchen nahm Erde von Katharinas Grab, zerbröselte sie und ließ sie wieder zurückrieseln. »Das machen wir so bei uns«, sagte sie. Eine andere trat mehrmals gegen die Umrandung des Grabes, und als ich fragte, warum sie das mache, erklärte sie, Katharina sei so oft mit dem Rollstuhl über ihre Füße gefahren, das gebe sie ihr nun zurück.

Katharina war eine Bereicherung für die Klasse. Integration funktioniert und ist sinnvoll. Beide Seiten haben etwas davon.

◀◀
Sommerfest im Kindergarten

◀
Der erste Schultag

Und dann passierte für Katharina etwas Sensationelles: Sie bekam einen besonderen elektrischen Rollstuhl, mit dem sie sich zum ersten Mal ohne fremde Hilfe dahin bewegen konnte, wohin sie selber wollte. Sie gewann ein großes Stück Selbständigkeit.

Am 29. August 1995 hatte Katharina ihren ersten Schultag in einer ›normalen‹ Schule. Zur Unterstützung bekam die Familie einen Zivildienstleistenden, der Katharina während der Schulzeit betreute. Sie war eine gute Schülerin und kam mit ihren Schulkameraden gut zurecht. Ihr Lieblingsfach war Rechnen. Katharinas Leben war fast normal geworden.

Hausaufgaben

Herzlichen Glückwunsch Liebe Maus

25

Katharina

Und dann kam der Tag vor dem *Maus*-Geburtstag, von dem keiner wußte, das es Katharinas letzter Tag sein würde. Sie war mit ihrer Mutter in der Stadt, und als sie in einer Buchhandlung ein Lesezeichen entdeckte, wollte sie es unbedingt haben. Ihre Mutter fand das Lesezeichen aber nicht so praktisch und viel zu teuer und war deshalb nicht bereit, es zu kaufen. Das hatte viel Tränen und Geschrei zur Folge. »Ich bin aber hart geblieben«, erzählt Katharinas Mutter. »Es geht nicht an, daß auch ein Kind wie Katharina uns auf der Nase rumtanzt. Sie sollte selbständig und selbstbewußt sein, aber uns nicht tyrannisieren.« Wieder zu Hause, bastelten

Am nächsten Morgen wunderten sich alle, weshalb Katharina so lange schläft. Als ihre Mutter nach ihr schaute, lag sie tot in ihrem Bett.

Katharina wurde sieben Jahre, zwei Monate und zehn Tage alt. Sie starb völlig unerwartet – es ging ihr gut, es gab keinerlei Hinweise.

sie zusammen mit Hilfe eines *Maus*-Aufklebers ein eigenes *Maus*-Lesezeichen, das Katharina schließlich noch viel schöner fand als das aus dem Laden. »Und billiger war es auch noch«, fügte sie verschmitzt hinzu. Abends war Katharina voller Vorfreude auf den nächsten Tag. Sie hatte der *Maus* schon einen Glückwunschbrief geschrieben und das Kinderzimmer mit *Maus*, Elefant und Ente geschmückt.

»Danke für die Fröhlichkeit, mit der Du uns umgeben hast«

VON DEN DREHARBEITEN BIS ZUR SPRACHAUFNAHME

Armin Maiwald, der für die *Sendung mit der Maus* schon unzählige Sachgeschichten produziert hat und sie durch Erzählweise und Stimme wesentlich prägte, sah sich bei dieser »Sachgeschichte« vor einer ganz neuen Aufgabe: Er sollte eine Geschichte über ein Mädchen erzählen, das kennenzulernen nicht mehr möglich war. Das bedeutete auch, daß er keine eigenen Filmbilder von ihr drehen konnte. So einen Film hatte er noch nie gemacht. Er konnte nur aus den Erzählungen der Menschen, die Katharina gekannt hatten, ihr Bild zusammensetzen. Doch zum Glück gab es noch Videoaufnahmen von Katharinas Vater.

Wie Armin Maiwald es zusammen mit den Eltern, dem Kameramann, der Cutterin und der Redaktion geschafft hat, den Film zu drehen, erzählt er hier selbst. Was in der Sendung schließlich gezeigt wurde, berichtet eine kleine *Maus*-Zuschauerin...

Eine Herausforderung –
Die filmische Annäherung
an Katharina

Zum erstenmal hörte ich von Katharina in einem Gespräch mit Dieter Saldecki von der *Maus*-Redaktion.

Dieter und ich treffen uns ziemlich regelmäßig, spätestens immer dann, wenn wir wieder einen oder mehrere Filme »fertig« haben. »Fertig« bedeutet in diesem Fall: Der Film ist gedreht und auch schon geschnitten. Erzählung und Musik fehlen noch, der Ton ist noch nicht »gemischt«. Aber man kann schon erkennen, wie der Film später bei der Sendung mal aussehen soll. Wir schauen uns dann die Arbeitskopie gemeinsam am Schneidetisch an, meistens hat Dieter noch Änderungswünsche, die wir daraufhin noch erledigen müssen. »Redaktionelle Filmabnahme« nennt man diesen Augenblick. Aber richtig sendefertig ist so eine Geschichte dann noch lange nicht.

Also: Dieter war wieder einmal zu solch einer »Abnahme« bei uns. Wenn wir alle Filme gesehen haben, reden wir hinterher noch über alles

mögliche. Über neue Projekte, über Zeitplanungen, wann wir was fertig haben müssen, über Reaktionen von Zuschauern usw. Ein Hauptthema an diesem Tag war der zurückliegende 25. Geburtstag der *Maus* und die Zuschauerpost dazu. Und Dieter erzählte von einem ganz besonderen Brief, der angekommen war. Es war der Brief einer Großmutter, deren Enkelkind genau am »*Maus*geburtstag« – frühmorgens – verstorben war. Es gäbe auch schon ein Antwortschreiben von der Redaktion, ob wir uns aber darüber hinaus nicht mal um das Thema ›Tod‹ für Kinder kümmern sollten.

Mit dem Tod kämen Kinder in der einen oder anderen Weise sowieso in Berührung, überlegten wir. Sei es, daß ein Großvater, eine Großmutter oder ein anderer Verwandter aus der Familie stirbt; sei es durch einen Autounfall im Bekanntenkreis, vielleicht verlieren sie sogar einen Schulkameraden. Könnten wir möglicherweise am Beispiel dieses kleinen Mädchens ein Stückchen weit ihr Leben nacherzählen und herausfinden, wie es zu ihrem Tod gekommen ist?

In diesem Gespräch hatten wir mehr Fragen als Antworten. Ich kannte zu diesem Zeitpunkt weder den Brief noch die Großmutter, schon gar nicht die Eltern oder das kleine Mädchen, von dem die Rede war.

Dieter schickte mir den Brief. Zwei Fotos lagen bei. Die schaute ich mir zuerst an, dann las ich den Brief. Ich mußte ihn mehrmals lesen. Beim ersten Mal speicherte ich nur die Fakten: Das kleine Mädchen hieß Katharina und war am

10. März gestorben. Beim zweiten Lesen prägte sich mir ein, daß Katharina wohl immer behindert gewesen sein mußte. Der Grund dafür: eine Krankheit, deren Namen ich bis dahin noch nie gehört hatte. Beim dritten Mal fiel mir auf, daß der Brief zwar von großer Trauer geprägt war, gleichzeitig aber sehr gefaßt, und daß Katharina von ihrer Großmutter als sehr lebensbejahend und fröhlich beschrieben wurde.

Nun sollte ich auf diesen Brief antworten, verbunden mit der Frage, ob wir denn vielleicht einen Film über Katharinas Leben machen dürften. Aber wie? Kann man – darf man – eine Familie, die von so einem Schicksalsschlag getroffen wurde, in dieser Situation stören, behelligen? Reißt man nicht mit so einem Ansinnen frische Wunden wieder auf? An wen sollte ich schreiben? Oder sollte ich besser telefonieren? Bei jeder Überlegung stellte ich mir vor, wie ich selbst darauf reagieren würde.

Ich entschied mich für einen Brief. Auf einen Brief braucht man nicht zu antworten, wenn man nicht will, man kann ihn einfach in den Papierkorb werfen. Anders beim Telefon: Da fühlt man sich – bewußt oder unbewußt – immer dazu genötigt, Rede und Antwort zu stehen, auch wenn einem gar nicht danach ist. Das wollte ich der Familie unter allen Umständen ersparen.

Außerdem entschloß ich mich, zunächst an die Großmutter zu schreiben. Sie – und nicht die Eltern – hatte den Brief an die Redaktion geschickt. Sie hatte die Kraft dazu gehabt, vielleicht hatte sie ja auch die Distanz, meine Bitte richtig einzuschätzen.

Es wurde ein schwieriger Brief (s. S. 15), dazu noch an eine völlig fremde Frau, die ich weder kannte noch in irgendeiner Weise einschätzen konnte. Ich weiß nicht mehr, wie oft ich ihn umformuliert habe. Jedes einzelne Wort habe ich mir mehrfach überlegt, es sollte kein falscher Zungenschlag drin sein, es durfte nicht der kleinste Verdacht auf »Sensationshascherei« entstehen. Und ein Aspekt war mir wirklich wichtig, den schrieb ich hinein: Wenn Katharina die Frage »Willst Du, daß man über Dein Leben berichtet?« beantworten könnte, würde sie selbst das wollen, oder würde sie ablehnen?

Schließlich war der Brief fertig, ich schickte ihn los und hatte keinerlei Erwartungen. Ich konnte mir vorstellen, daß ich nie wieder etwas von Katharinas Großmutter hören würde, im stillen rechnete ich mit einer freundlichen, aber bestimmten Absage, aber man weiß ja nie...

Etwa drei Wochen vergingen, da meldete sich – völlig unerwartet – Katharinas Mutter, Christiane, bei mir, sie rief mich an. Sie hatte meinen Brief von ihrer Mutter bekommen, und mein Satz, ob Katharina das denn wohl selbst gewollt hätte, sei für sie der entscheidende gewesen. Ja, Katharina hätte das mit Sicherheit selbst gewollt. Sie hätte sogar schon mal einen Brief an die *Maus* geschickt, die solle sie doch mal besuchen kommen. Und so würden sie und ihr Mann unserem Anliegen zustimmen, einen Film über Katharinas Leben zu machen.

Wir verabredeten uns noch für die gleiche Woche, vor dem Film mußte ich die Eltern ja erst mal kennenlernen. Ich wußte nichts über sie, und wußte fast nichts über Katharina. Wenn man eine Geschichte erzählen will, muß man erst mal wissen, was man erzählen soll. Ich brauchte Informationen über Katharinas Leben.

Auf der Fahrt dorthin gingen mir viele Gedanken durch den Kopf: *Wie* kann man eine Geschichte erzählen von jemandem, der gar nicht mehr lebt? Wer war dieses Mädchen, und und wie war es? Kann man ihre Persönlichkeit überhaupt noch deutlich machen, wenn es vielleicht nur noch eine Handvoll Fotos gibt? Hat dieses Mädchen irgendwo Spuren hinterlassen, wie finde ich die? Ist es möglich, anhand solcher Erinnerungen ihren Charakter, ihre Person filmisch darzustellen und für die Zuschauer deutlich zu transportieren?

Jede Menge Fragen und noch keine Antworten darauf.

Beide Eltern, Niko und Christiane, empfingen mich sehr freundlich. Ich war ihnen von der Sendung her bekannt, vielleicht kann man sogar sagen ›vertraut‹. Ich gehörte für sie fast schon zur Familie, weil Katharina nahezu keine Sendung verpaßt hatte. Wir tranken Kaffee, und sie fingen an, ganz offen und ohne Scheu von Katharina zu sprechen. Recht bald merkte ich, daß Christiane sehr schön und bildhaft erzählen konnte, auch wenn ihr das Thema natürlich sehr schwer fiel. Ich habe die Erzählung dann nach ganz kurzer Zeit unterbrochen und den beiden vorgeschlagen, daß sie mir Katharinas Geschichte nur ein einziges Mal erzählen sollten, und zwar mit laufender Kamera dabei. Ich würde nicht wollen, daß sie mehrmals in ihren schmerzlichen Erinnerungen graben müßten. Ich würde auch mit Sicherheit keine Einstellungen wiederholen, auch nicht, wenn Versprecher drin wären, oder ein Hustenanfall, oder was auch immer passieren würde. Es sei auch nicht wichtig, alles der Reihe nach zu erzählen. Wir könnten alles, hinterher beim Schneiden, immer noch in die richtige Reihenfolge bringen. Wenn ich etwas nicht verstehen würde, würde ich einfach nachfragen. Und wenn es ihnen zu schwer würde, könnten wir zu jeder Zeit unterbrechen, Pause machen oder an einem anderen Tag weiterdrehen. Aber einmal müßte ich Katharinas Lebensgeschichte schon hören, denn ich müßte mir ja ein Bild von ihr machen. Und Katharina selbst könne ja von sich nichts mehr erzählen. Ob sie sich vorstellen könnten, die Kraft dazu aufzubringen?

Christiane und Niko wollten es versuchen, und so verabschiedeten wir uns zunächst.

Wieder zu Hause, haben wir uns zusammen mit meinem Kameramann Kai von Westerman Gedanken gemacht, wie wir die Aufnahmesituation für Christiane und Niko so erträglich wie eben möglich machen könnten. Die beiden sollten durch das »Drumrum« so wenig irritiert werden wie eben machbar. Also für die beiden einen Platz in ihrer Wohnung finden, wo sie sich wohl

Während meiner Arbeit als Cutterin habe ich schon viele O-Ton-Dokumentationen geschnitten – traurige, sehr persönliche und auch bewegende –, aber immer für Erwachsene. Und jetzt die *Geschichte von Katharina* – wie erzählt man so eine Geschichte für Kinder?

Die dramaturgischen Regeln, die für einen Erwachsenenfilm gelten, gelten nicht für eine Kinderdokumentation. Kinder finden lange Interviews langweilig, sie schalten ab. Kinder brauchen bewegte Bilder, eine bildhafte Sprache, Spannung und Spaß. Christiane war als Gesprächspartnerin ideal: Mit ihren einfachen Worten und Bildern wurde Katharina lebendig. Ihre Geschichten aus Katharinas Leben, z. B. das Problem mit dem Husten oder mit den Duplosteinen, leuchten Kindern sofort ein. In einer Erwachsenendokumentation hätte auch der E-Rolli keinen so breiten Platz bekommen. Für Kinder wird daraus eine kleine (Sach-)Geschichte in der Geschichte. Sie möchten halt genau wissen, wie so ein elektrischer Rollstuhl funktioniert.

Die größte Überraschung erlebte ich, als wir die *Maus*-Spots in den Film, der mittlerweile in kleine Kapitel eingeteilt war, einsetzten. Die Wirkung war für mich erstaunlich und wunderbar – jetzt gab es Momente zum Entspannen und Lachen. Ich war mir sicher, daß dies für Kinder auch so sein würde. Besonders wichtig war für mich der Kontakt mit Katharinas Eltern, die beim Schnitt häufig dabei waren. Normalerweise lernte ich die Interviewpartner zwar gut, aber nur einseitig am Schneidetisch kennen – mit Christiane und Niko kam ein wirklicher Dialog zustande. Manchmal war es sehr schwer für uns, Katharina war ja erst vor kurzer Zeit gestorben und die Trauer noch sehr nah.

Die Geschichte von Katharina ist traurig und macht mir doch Mut. Sie zeigt, wie positiv ein Leben mit Behinderung sein kann, und ist für mich ein Film über den Wert des Lebens.

Renate Herrmann ist freie Cutterin und arbeitet seit fünf Jahren für Armin Maiwald

fühlen (es wurde dann das Sofa in ihrem Wohnzimmer). Von uns so wenig Leute wie möglich. Kai nahm nur seinen Assistenten Andreas zum Filmwechseln mit, den Ton wollte ich selber machen. Nur ein einziges Mal Licht aufbauen, ganz zu Anfang und so wenig wie eben möglich. Unter gar keinen Umständen unterbrechen, ganz ruhige Bilder, keine Zooms, keine wilden Schwenks. Keine Klappen, nur Zahlenfächer und Mikroklappen. So haben wir dann gedreht. Zwei Tage lang haben wir den beiden zugehört. Zwischendurch natürlich immer wieder mit Unterbrechungen.

In der Erzählung tauchten nacheinander alle Leute auf, mit denen Katharina in ihrem Leben zu tun gehabt hatte. Ärzte, Therapeuten, Kindergärtnerinnen, Freundinnen, der Pastor, die Lehrerin… Irgendwann kamen wir auf die Idee, doch all diese Leute zu besuchen. Denn Eltern sehen ihr Kind durch *ihre* Brille. Aber jeder andere hatte ja seine eigenen Erfahrungen und Erlebnisse mit Katharina. Also sind wir losgezogen, Christiane und Niko immer dabei, manchmal beide, manchmal nur einer von beiden. Und jeder, wirklich jeder hatte eine kleine Geschichte, die ihn mit Katharina besonders verband. Und so setzte sich – wie aus Mosaiksteinchen – langsam das Bild eines fröhlichen, aufgeweckten, starken und optimistischen Mädchens zusammen. Ein Bild aus der Summe vieler kleiner Spiegelbilder.

Dann bekamen wir von Niko und Christiane noch Fotos von Katharina, und – unerwartetes Glück – sie hatten Video-Aufnahmen von allen möglichen Lebenssituationen gemacht.

Da hatte ich nun alles Material, aus dem ich Katharinas Lebensgeschichte erzählen sollte. Sie mußte völlig anders erzählt werden als sonst – wenn man so will, eine Geschichte ohne den Hauptdarsteller. Niemals verlasse ich mich sonst darauf, was irgend jemand über eine Person oder eine Sache sagt. Ich versuche immer, die Sache oder die Person für sich selbst sprechen zu lassen. Aber in diesem Fall hatte ich keine andere Wahl.

Einen Film zu machen kann man vergleichen mit einem Hausbau. Erst kommt der Rohbau, später wird verputzt, dann der Ausbau, zum Schluß kommen die Tapeten und die Teppichböden. So setzt man beim Film auch erst das Material in der groben Reihenfolge zusammen, später wird es dann gekürzt. Musik, Sprachaufnahme und Endmischung sind dann so ähnlich wie Tapete und Teppichboden.

Nachdem Renate Herrmann (die Cutterin) und ich den Film als Rohbau stehen hatten und ihn zusammen mit Dieter Saldecki anschauten, war die erste Version ca. 45 Minuten lang und völlig »falsch«. Da hätten auch Kürzungen nichts gebracht. Es war eine »Erwachsenen«-Fassung. Der Film war zu ernst, so konnte er für die *Maus* nicht bleiben.

Durch die vielen Erzählungen und das Video-Material hatten wir Katharina als fröhliches Mädchen kennengelernt. Also mußte auch der Film zumindest zum Teil diese Fröhlichkeit haben. Ein völlig neues Haus mußte gebaut werden. Es mußte »mehr Katharina« rein, dafür mußten Aussagen von Erwachsenen raus. Außerdem wollten wir die gewaltigen Fortschritte, die Katharina in ihrem Leben unerwarteterweise gemacht hatte, zeigen.

Kai von Westerman, Kameramann:

Gerade bei Dokumentarfilmen kommt es darauf an, den ›schwarzen Kasten‹, den technischen Apparat: die Kamera, möglichst ›unsichtbar‹ zu machen. Man ist als Kameramann für *jedes* Bild verantwortlich. Wenn ein Bild über den Sender geht, kann man nicht hinterher sagen: »Ach, das wollte ich aber nicht drinhaben.« Deshalb muß man sich beim Drehen in jedem Augenblick fragen: Darf ich das? Kann ich den Menschen in dieser Situation zeigen? Es gibt Momente, in denen man als Kameramann erst mal einen Schritt zurücktreten muß. Denn man kann mit der Kamera niemanden in den Arm nehmen, auch wenn man nah rangeht.

Ich habe Katharina ja nicht persönlich gekannt, aber ich habe von ihr etwas Grundsätzliches für mein ganzes weiteres Leben gelernt. Und das macht Mut: Egal welche Startbedingungen man hat, egal wie schwach man ist, egal in welcher Lebenssituation man sich befindet, man kann aus allem etwas machen. Und man kann immer etwas bewirken als Mensch.

Kai von Westerman arbeitet seit zehn Jahren als freier Kameramann und Filmemacher und seit viereinhalb Jahren für Armin Maiwald.

Dieter Saldecki:

Das größte Problem bei den *Maus*-Specials ist nahezu regelmäßig die Tatsache, daß wir, wie es in unserer Sprache heißt, zu lang sind. Mit anderen Worten, die Geschichten brauchen mehr Sendezeit, um sie optimal gestalten zu können. Ein *Maus*-Sendetermin geht von 11.30 bis 12.00 Uhr, das sind genau 30 Minuten. Noch genauer: Davon verbleiben ca. 28 Minuten für die Sendung selbst, der Rest geht an An- und Absage.

Bei der dritten oder vierten Abnahme der »Geschichte von Katharina«, nachdem wir uns der Erzählstruktur deutlich genähert hatten, fehlte zu meiner Überraschung plötzlich der Teil, in dem Katharinas Mutter von dem letzten Tag von Katharina erzählt, von dem keiner wußte, daß es ihr letzter sein würde. Es war einfach keine Sendezeit mehr für den wichtigen Filmabschnitt vorhanden, obwohl wir uns im Grunde einig waren, daß dieses Stück unbedingt in den Film hineingehörte. Was sollten wir statt dessen »opfern«? Katharinas erste Lebensphase mußte unbedingt drinbleiben, sicher auch ihre ersten Sprechversuche und das Spiel mit ihrer kleinen Schwester. Sollten wir also das Vorstellen des Elektro-Rollis herausschneiden oder gar die Erinnerungen der Freundinnen bzw. der Lehrerin oder der Kindergärtnerin?

Zwei Stunden haben wir den Film wieder und wieder angesehen und uns schließlich schweren Herzens entschlossen, die Erzählung von Pastor Höfermann herauszunehmen. So fehlen in »Die Geschichte von Katharina« einige kluge, nachdenkliche Sätze des Mannes, der auf Wunsch der Eltern Katharina notgetauft hat und der sie auf seine Weise durch die sieben Jahre begleitet hat. So ist es oft, wenn wir am Schneidetisch sitzen, und immer ist die Unsicherheit dabei, ob wir die richtige Entscheidung treffen. In diesem Buch haben wir nun die Gelegenheit, Pastor Höfermanns Gedanken doch noch zu veröffentlichen (s.S. 109).

So wurden die Video-Szenen immer wieder danach durchforstet, wo ein Fortschritt deutlich wurde. Wo wir nichts fanden, mußten wir uns mit Fotos behelfen. Mehr stand uns nicht zur Verfügung. Auch die *Maus*-Spots haben wir immer nach einem Erfolgsschritt eingesetzt.

Beide Fassungen haben wir übrigens immer mit Christiane und Niko zusammen angeschaut und gefragt: Stimmt das so, wie wir das zeigen, war das Katharina? Fragen, die nur die beiden beantworten konnten. Beide waren mit der Darstellung einverstanden: »Ja, so war sie.« Und ohne dieses Einverständnis hätten wir den fertigen Film nicht gesendet. So war es verabredet.

Für uns alle, die daran beteiligt waren, ein schwierig zu machender Film, eine Geschichte, die uns nicht kalt gelassen hat. Viele Drehtage lang haben wir den halben Heimweg wortlos zurückgelegt, bis wir das gerade Gehörte halbwegs verarbeitet hatten. Beim Schneiden und bei der Nachbearbeitung erging es uns nicht besser. Trotzdem mußte es ein fröhlicher Film werden, weil Katharina ein fröhliches Mädchen war.

Armin Maiwald

Das »durch und durch unsichtbare Traumwesen« B-Punkt, an das Greta ihren Brief gerichtet hat, ist für viele Kinder, die die WDR-Kinder-Hörfunksendung *Lilipuz* kennen, ein vertrauensvoller Freund. Greta hat ihm schon mehrere Male von eindrucksvollen Ereignissen ihres Lebens berichtet. B-Punkt sollte auch erfahren, was sie am Sonntag, den 16. März 1997, in der *Sendung mit der Maus* gesehen hat.

HaIIO B-PunKt!!!

Ich habe heute morgen die Maus geguckt. Da war ein Film über ein Mädchen, das behindert ist. Bei ihrer Geburt konnte sie nur ihren kleinen Finger bewegen. Und konnte nur atmen, wenn sie an einem Beatmungsgerät angeschlossen war. Doch dann kam ein Wunder. Katharina, so hieß das Mädchen, konnte sich plötzlich bewegen. Bald konnten ihre Eltern sie nach Hause haben. Sie mußte die ganze Nacht über beobachtet werden. Katharina konnte sich bald bewegen. Nur sie konnte nicht sprechen. Ihre Eltern sahen an ihren Augen, ob sie etwas wollte.

Dann bekam sie ein Gerät, und sie konnte etwas sagen. Sie lernte sehr viel und konnte bald viel sagen. Katharina kam in den Kindergarten. Sie saß in einem Rollstuhl. Sie war auf die Hilfe anderer angewiesen. Katharina bekam viele Freundinnen. In der Kindergartenzeit bekam Katharina einen gesteuerten Rollstuhl. Zum ersten Mal konnte Katharina ohne fremde Hilfen sich bewegen.

Dann kam Katharina in die Schule. Sie konnte sogar den Rollstuhl hoch bewegen. Dann vor dem Maus-Geburtstag wunderten sich die Eltern, warum Katharina so lange schlief. Katharina war Maus-Fan. Sie wollten ein Fest feiern. Es war Maus Geburtstag. Da starb Katharina. Sie schlief einfach ein. Sie hatte keine Lebenskraft mehr. Aber es war toll, wie viel sie in ihrem Leben geschafft hatte. Katharina war ein starkes Mädchen. Und hatte trotz ihrer Krankheit ein schönes, aber kurzes Leben!!!

Katharina war ein starkes Mädchen. Und hatte trotz ihrer Krankheit ein schönes aber kurzes leben!!!

• Ich fand Katharina toll! die Geschichte ist echt pariert.!

Mit freundlichen Grüßen: Deine Greta

33

WIE DIE ZUSCHAUER ÜBER DIE SENDUNG ZUM 26. GEBURTSTAG DER *MAUS* INFORMIERT WURDEN

Diese Sendung vom Leben und Tod eines Mädchens war eine ganz besondere *Sendung mit der Maus*. Das wußten alle, die dazu beigetragen hatten. Um möglichst viele der kleinen und großen Zuschauer über den speziellen Charakter dieser *Maus* zu informieren, berichteten Armin Maiwald in der *Maus*-Sendung am Sonntag davor und verschiedene Journalisten in ihren Zeitungen darüber. Sie waren zu einer extra Pressekonferenz eingeladen worden, wo sie den Film schon vorab sehen konnten. Einer der Journalisten, Fritz Wolf, erinnert sich, wie er diese Filmvorführung erlebt hat.

einzigen Menschen gewidmet. Erstmals mit Interviews. Erstmals ohne Sach- und Lachgeschichten. Erstmals und einmalig die Sendung mit der *Maus* über Katharina, den *Maus*-Fan, über die tote Katharina.

Film ab. Alles ist anders und doch wie man es kennt. Das signalisiert schon die vertraute Stimme Armin Maiwalds. Man weiß, wo man sich befindet. Es ist ruhig und wird ruhiger. Gelegentlich kratzt ein Kugelschreiber. »Immer, wenn Katharina etwas geschafft hat«, sagt die vertraute Stimme von der Videowand, »freut sie sich darüber und will weitermachen.« Wir sehen, wie Katharina in der Linsensuppe matscht, wie sie sprechen lernt, wie sie mit dem tollen Rollstuhl über die Flure saust. Dann ist Katharina tot, und jemand sagt zum Abschied: »Danke für die Fröhlichkeit, mit der du uns umgeben hast.«

Dann kann die Pressekonferenz beginnen, das übliche Frage- und Antwortspiel: Wann, Wo, Warum? Aber die Diskussion ist nicht sehr lebhaft. Genauer gesagt: sie findet gar nicht statt. Wir sind Katharina eben zum erstenmal begegnet und wollen gar nicht so viel wissen. Einige gucken nach innen, andere suchen etwas an der Decke oder schauen aus dem Fenster, wo es nichts zu sehen gibt. Jemand schneuzt sich. Seltsame Pressekonferenz.

»Wir wollen nach dem großen Geburtstagsfest im Vorjahr diesmal ganz leise sein«, sagt

Erste Begegnung mit Katharina

Die erste Begegnung mit Katharina war pure Geheimdiplomatie. Anruf aus dem Sender. Es gäbe da eine besondere *Sendung mit der Maus*, die sich mit dem Tod beschäftigen wolle. Mehr wolle man derzeit nicht sagen. Nur wenige Journalisten würden zur Pressekonferenz eingeladen. Auf keinen Fall Boulevardpresse. Nur seriöse Schreiber. Sehr schön. Man wird ja nicht oft als seriös angesehen in diesem Beruf.

Es ist Anfang März, ein heller klarer Tag. Man trifft sich in einem dieser unverwechselbaren Tagungsräume. Mappen liegen auf dem Tisch, darin zwei Blatt Pressetext mit Katharinas Lebens- und Sterbensgeschichte, keine Fotos. Nur wenige Kollegen sind da, wie versprochen, ihnen sitzen mindestens genauso viele *Maus*-Macher gegenüber. Es muß wohl Erklärungsbedarf bestehen. Neuigkeiten werden angekündigt. Erstmals eine Sendung über den Tod, aber eigentlich, sagt Dieter Saldecki, »über den Wert des Lebens«. Erstmals eine *Maus* nur einem

Dieter Saldecki in die Stille. Dann tropfen langsam die ersten Fragen in den Raum. Als die *Maus*-Macher zu ihren Erklärungen ansetzen, versteht man erst, was sie wollen mit ihrem Aufwand und ihrer Geheimdiplomatie.

Sie wollen, daß wir die Geschichte dieses Films weitererzählen. Sie wollen verhindern, daß wir es in Schlagzeilen tun. Sie türmen Worte und Sätze aufeinander; weniger um ihren Film zu erklären, sondern um Katharina zu schützen. Nein, es wird keine Wiederholung ohne Absprache mit den Eltern geben: die kleine Schwester soll nicht beim Zappen ihrer toten Schwester begegnen. Doch, man rechne damit, daß Kinder mit diesem Thema unbefangener umgehen können als die Erwachsenen. Doch, Kinder haben solche Fragen. »Wir nehmen die Fragen an und erzählen eine Geschichte.« Ja, die Eltern waren mit diesem Film einverstanden: Katharina hätte es selbst so gewollt. Nein, keine Pädagogik, prinzipiell nicht, sagt Armin Maiwald, «und wenn es schwarzen Schnee schneit». Doch, man habe sich sehr genau überlegt, wie man Kindern diese Geschichte erzählen soll: mit *Maus* und Elefant als Distanz-Schaffer und Schnitten immer dann, wenn Katharina etwas gut gelingt. Nein, eine ganz normale *Maus*-Sendung, »nur ja keine Mitleidsnummer«. So viele Worte und Sätze – da fällt dann auch irgendwann auf, wie rar dererlei Begründungen sonst sind und wie wenig sich das Fernsehen normalerweise um die kümmert, deren Leben und Sterben es vor den Kameras ausbreitet.

Als am Ende doch noch alle Fragen gefragt und alle Antworten gegeben waren, war die Pressekonferenz zu Ende. Doch wir, die wir eben Katharina auf diese Weise kennengelernt hatten, liefen nicht weiter zum nächsten Termin, sondern erst mal auf den Flur und hatten eine Zigarette dringend notwendig. »Es war der schwierigste Film, den ich je gemacht hatte«, sagt Armin Maiwald und »eine emotional anstrengende Geschichte, vor allem für die Erwachsenen.« Es war nicht schwer, ihm nicht zu widersprechen.

Fritz Wolf, freier Journalist für DIE ZEIT *und die* Süddeutsche Zeitung

Katharinas kurzes Leben

Die „Sendung mit der Maus" dieses Mal zum Thema Tod

ebe Maus! Seit Wochen will ich Dir
reiben, aber Du wirst gleich verstehen,
shalb es mir so schwer wurde." Ge-
ohnlich beginnen die 300 bis 400 Briefe,
die die Redaktion der „Sendung mit der
Maus" wöchentlich erreichen, nicht so
raurig und geheim-
knapp einem Jahr
zählte auch eine
schichte – von der
tharina, die am 10
sieben Jahren ges
faßt von der G
WDR ins Haus ge
„Maus"-Macher
sen: An jenem A
mit großem Au
und „Maus

ger geworden und beginnt um
Armin Maiwald wollte dieses
sehr anstrengende Stück sa
tern und unter gar keinen Ur
leidheischend" drehen. Und
tos und private Video-Auf
sam in die von Eltern, Ärz
nerin, Lehrerin und Freu
derten Lebensstationen
(nur unterbrochen von
Spots). Auch das von d
nommene Bild von d
wird am Ende ganz ur
eingeblendet. Doch
vielmehr das Leben
im Mittelpunkt: Ka
schweren Muskele
gekommen und k
ständig atmen. M
samen Kampf g
auch von Katha
Den Alltag von
schildern, hat bei der „M
doch der Tod war bisher no
des Fernseh-Klassikers.
eine ganze Menge Reak
dung, darunter die so

11.25 Für Kinder
Die Sendung mit der Maus

Am 10. 3. 96 starb Katharina (7). An jenem Tag feierten 100 000 Menschen den Geburtstag der Maus (Foto). Die heutige Sendung ist Katharina gewidmet.

11.25 Die Sendung mit der Maus
ARD Sonderausgabe zum 26. Geburtstag: Katharinas Geschichte

KINDER-MAGAZIN Vor einem Jahr, als die Maus
ihren 25. Geburtstag feierte, schloß Katharina für
immer die Augen. Die Sie-
benjährige hatte eine un-
heilbare Krankheit. Weil

Katharina ein Maus-Fan
war, berichtet die heutige
Ausgabe von ihrem kur-
zen Leben und von ihren
Eltern und Freunden, die
sie sehr vermissen. ab 6
35 Min./bis 12.00 Uhr

Katharina und die Mau

Sondersendung über todkrankes Mädchen

WDT 15.5.97

---

e „Maus" ma
ganz ernst

An diesem Son
ginnt „Die Send
er Maus" fünf
eine besondere
ach- und Sachg
t sich Armin N
hen Katharina,
en am 10. Mär
an dem die „Ma
eierte, starb.

rina auf die Wel
icht strampeln, s
Sie litt unter
skelerkrankung.
sal erfahren ha
durch einen Bri
ter, die nach
sendung dem W
t alle haben sich
uen können

Fernsehmaus,
das Mädchen und der Tod

Eine Kindersendung befaßt sich mit dem Sterben

Von KLAUS ESSER

Köln – Die großen und kleinen
Fans der „Sendung mit der Maus"
werden sich an diesem Sonntag
wundern – nicht nur wegen des um
fünf Minuten vorgezogenen Be-
ginns um 11.25 Uhr. Zum ersten
Mal wird nämlich – statt der sonst
üblichen belehrenden und belusti-
genden „Lach- und Sachgeschichten" – in der Kindersendung aus-
schließlich das Schicksal eines
Kindes erzählt. Aus besonderem,
leider traurigem Anlaß.

Ein heikle Aufgabe, die der be-
währte „Maus"-Filmer Armin
Maiwald und sein Team mit Sensi-
bilität und Feingefühl lösten. Die
Kölner Fernsehmacher lassen Eltern, Freunde und Ärzte vom tap-
feren Kampf des Kindes gegen seine Sprech- und Gehbehinderungen
erzählen.

Vor allem zeigen sie viele Fami-
lienvideos, die auf anrührende
Weise das Heranwachsen der zuerst als „hoffnungsloser Fall" gel-
tenden Katharina dokumentieren

---

mit der Maus;
Groß wurde sie
am 10. März ge-
Fast eine halbe
und große Fans
öln, um der Al-
25. Geburtstag zu

s groß Fan war
harina. D
„nic
stellt
ersA
a nuten früher als so
Weine ganze beso
Zum erstenmal widm
Maiwald einem einzi
Dem kurzen Leben des
Katharina, das im Alter
ahren am 10. März des
n Jahres,

Schicksal der Kleinen
schließliches Thema zum
burtstag

11.25 Die Sendun
ARD der Maus (al
Special Armin
und Elefant er
Geschichte de
gen Katharina
einer Krankhe

11.25 SO/ARD
„Die Sendung mit der Maus"

Für Katharina

RSTA
15.3.97

An diesem Sonntag beginn
Sendung mit der M

**Die Sendung
mit der Maus**

11.25 Die 7jährige
ARD tharina wa
großer
Fan. Vor genau
Jahr, am 25. Ma

---

stmals gibt es keine Lach-
Sachgeschichten. Armin
wald widmet sich einem
igen Thema: dem kurzen,
erkenswerten Leben von
harina. Das Mädchen star
Alter von sieb
m 10

unpathetisches Bild von Katharinas ungewöhnlichem Schicksal. Er stellt mit Hilfe von Interviews und Videoaufn
res Vater

stirbt, die G
die Kind
den „K

Stunde lang dem Tabu-Thema
te Mal, das
t der Maus
nem einzi-
. Es wird in
e Lach- un
eben; unter-
lm über Ka-
Armin Mai-
von vielen
Elefanten.

na werden be-
entlicht. Diete
llen absolut
ionsjournalis-
Maus' ist an-

BRIEFE AN DIE *MAUS*

Nachdem die Geschichte von Katharina in der *Sendung mit der Maus* gezeigt worden war, gingen im *Maus*-Postbüro eine Menge Briefe ein. Über vierhundert Kinder, Eltern, Großeltern und andere *Maus*-Zuschauer haben geschrieben oder gemalt, was sie nach dem Film gedacht haben – warum ihnen der Film gefallen hat oder auch nicht, was sie dabei gefühlt haben und was er bei ihnen ausgelöst hat. Einige davon haben wir hier abgedruckt…

katharina

Anna 7
16-3-97 DaS
ist DaS Bilt Von
Der Katharina
Die am Maus
GeburztaK.Ge
storben. ist.

braP

Anna K. aus Marienheide

Liebe Maus-Redaktion.

Wir sind tief beeindruckt von der Sendung über Katharina. Es war gut, daß bereits letzte Woche das Thema angekündigt wurde. Wir haben mit unserer Caroline (Maus-Fan, 6 Jahre) auch nach der Sendung noch viel über das Thema Tod und Behinderung gesprochen. Sehr schön, daß Ihr das Thema aufgegriffen habt. Ich bin tief beeindruckt über Eure Arbeit und die vielen guten Filme. Weiter so und alles Gute für Eure Arbeit.

Dirk A. und Familie aus Mainz

Hallo Maus-Macher!

(...) Dieser Beitrag zeigt einem erst mal wieder, wie froh man sein kann, gesunde Kinder haben zu dürfen, und daß das, was man alles gar nicht mehr wahrnimmt, daß die Kinder sprechen können, selbst essen, gehen und rennen, spielen und sich anziehen usw., oft gar nicht so selbstverständlich ist.

Ich glaube, daß der Beitrag auch viele Kinder zum Darüber-Nachdenken angeregt hat.

Lisa S. aus Weil am Rhein

Danke für diese Maus. Celine wollte für Katharina eine Maus malen, die sofort weggeschickt werden mußte.

Uschi, Jörg, Celine (4) M.

An die liebe Sendung mit der Maus

Wir haben den Film von Kahtarina gesehen.
Wir fanden Kahtarinas leben sehr schön.
Wir weren auch agerne Kahtarinas
Freundinen gewesen.

von Ina 10 Jahre
Britta 10 Jahre
Franziska 7 Jahre

Liebes Maus-Team,

zu Ihrer heutigen Sendung möchte ich Ihnen ausdrücklich danken! Sicherlich werden Sie Kritik ernten - vor allem von Menschen, die Ihre Sendung - den Beitrag über Katharina - nicht, oder nur oberflächlich gesehen haben. Ich war sehr beeindruckt und bewegt, wie es Ihnen gelungen ist, das Thema aufzuarbeiten, ohne ins Sentimentale – oder das andere Extrem – ins Oberlehrerhafte abzugleiten.

Wie Sie aus dem beiliegenden Brief unserer »großen« Tochter Julia sehen, ist Ihr Beitrag auch bei Kindern richtig angekommen.

Rainer K. aus Rottendorf

ᴊᴜʟɪᴀ (12) aus Rottendorf
ʟɪᴇʙᴇꜱ ᴍᴀᴜꜱᴛᴇᴀᴍ,

Euer Film über Katharina war sehr schön. Ich finde es gut von Euch, daß Ihr auch einmal etwas Trauriges zeigt, über das man dann eine Weile nachdenkt. Man überlegt sich ja fast nie, wie gut es einem geht und daß es leider auch Kinder gibt, die es schlechter haben. Und deshalb ist es gut, daß man an diese Kinder erinnert wird (...)

Als ich den Film gesehen hatte, saß ich auf der Couch und dachte noch einmal über Katharina nach. Ich bewundere sie und die anderen behinderten Kinder irgendwie, weil sie so toll mit ihrer Behinderung klar kommen. Ich kann mir auch denken, daß es Kinder gibt, die den Film nicht so toll fanden wie ich, aber diese

Kinder sind entweder noch zu klein für solche Themen oder sie wollen nur lustige Dinge hören und nichts von ernsteren Sachen wissen.

Liebe Maus-Macher!

Ich sah am Sonntag Eure Sonder-Maus mit Katharina und ihrer Lebensgeschichte. Sie hat mich sehr beeindruckt und fasziniert. Mit Euren Sonder-Sendungen ragt Ihr über Euch selbst hinaus.

Der dies sagt, ist schon 48 Jahre, Vater von 4 gesunden Kindern, der hierfür sehr dankbar ist und sich der Tränen bei Katharina wahrlich nicht schämt.

Ein beeindruckendes kurzes Leben. Vielen, vielen Dank!

Franz M. aus Goch

Liebe Maus-Verantwortliche,

(...) Die letzte Sendung mit und über Katharina hat nicht nur uns Eltern, sondern auch unsere Tochter Maike so beeindruckt und beschäftigt, daß sie spontan ein Bild malte. Außerdem war die Sendung ein »Aufhänger« für eine Religionsstunde (1. Klasse). Wir haben auch noch lange über die Sendung gesprochen, die sich dadurch auszeichnete, daß sie weder zu gefühlskitschig, noch zu distanziert erzählt wurde.

Ein besonderes Lob den Verantwortlichen!

Evelin, Maike und Carsten L. aus Erlangen

AAA Di Maus
Ist Da

Lieber Armin und christof
mir hat heute DiSendung mit Der
Maus gut gefalen Undres war ein
Bisschen traurig tschüss Deine
Maike

Franziska *aus Groß-Zimmern:*

LieBe maus,

ich habe heute die Sendung über Katharina
gesehen. Es hat mich unheimlich fasziniert,
welchen Lebenswillen sie hatte und welch große
Kraft in ihr lag. Es ist bewundernswert, mit
was für Ehrgeiz Katharina lebte.

Wenn ich mir vorstelle, dieses Schicksal zu
tragen, glaube ich, hätte ich keine Chance auf
dieser Welt. Ich möchte auch Katharinas Eltern
loben, die ebensoviel Kraft besaßen, dieses Leiden ihrer Tochter zu verringern, indem sie sie
behandelten wie einen »normalen« Menschen.
Dadurch, denke ich, wurde Katharina in ihrem
Glauben an sich gestärkt.

Ich bin jedenfalls zum Nachdenken angeregt
worden und zu dem Schluß gekommen, daß wir
froh und dankbar annehmen sollten, wie wir
sind!

Karoline J. (6) aus Osnabrück

Hallo liebe Maus! 16.3.987
Mir hat der Film am Sonntag
über Katharina sehr toll
gefallen. Mein Name ist
Karoline. Ich bin 6.

Mein Papa bringt
Behinderten das Schwimmen
bei. Eure Karoline

Lieber Armin
und alle anderen Leute mit der Maus,

wir (das sind Martina und Marcus mit Carlotta, 5 Jahre, und Paulina, $2^1/_2$ Jahre) haben am 16.3.1997 wie immer die MAUS gesehen. Das Leben von Katharina und ihrer Familie hat uns alle sehr beeindruckt. Carlotta hat Bilder für Katharinas Familie gemalt. Die Eltern und die kleine Schwester sollen wissen, daß wir jetzt ganz oft an Katharina denken. Vielleicht könnt Ihr die Bilder ja weiterleiten.

Der Bericht hat uns angeregt, über Leben, Sterben, krank und gesund sein, Kind sein und Eltern sein mit unseren Kindern und miteinander zu sprechen. Wir möchten Euch für Euren sensiblen und verständlichen Beitrag danken, der trotz aller Traurigkeit auch schön war. So mutige, einfühlsame Sendungen gibt es nicht oft.

Ganz besonders möchten wir uns bei Katharinas Eltern bedanken. Sie haben uns mit so viel Offenheit an einem so wichtigen Stück aus ihrem Leben teilhaben lassen, ganz viel Mut, Energie und Liebe konnten wir da spüren. Katharina, ihre Eltern und ihre Schwester werden wir ganz sicher nicht mehr vergessen.

Familie H. aus Düsseldorf

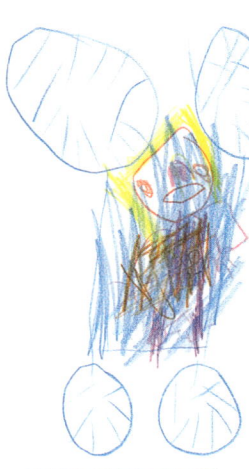

**Carlotta (5) malt Katharina
in ihrem neuen Rollstuhl**

Lieber Armin und Team,

Eure heutige Sendung hat uns, Sophie (4 Jahre), Max (7 Jahre) und mich, Mama, sehr bewegt! Und aus dieser bewegten Stimmung heraus malte Sophie dieses Bild für die Katharina und ihre Eltern, vielleicht blickte Katharina herab vom Himmel?!
Ich wünsche Ihnen und Ihrem Team weiterhin bewegte und frohe Mausgeschichten für alle Kinder auf unserer Erde!

Brigitte G., Sophie und Max aus Bad Tölz

Sehr geehrte Damen und Herren!

Ich mag »Die Sendung mit der Maus« sehr gerne und schaue sie mir regelmäßig an. Ich bin zwar schon 26 Jahre alt, aber ich denke mal, daß das kein Widerspruch ist. Denn selbst für Erwachsene ist fast immer etwas Neues dabei, was sie noch nicht wissen (...)

Der eigentliche Grund meines Briefes ist jedoch Ihre letzte Sendung vom 16.03.97, genauer Ihre Sondersendung (zum 26. Geburtstag der Maus) über Katharina. Ich möchte mich für Ihren Mut bedanken, eine solche Geschichte in der Sendung mit der Maus zu erzählen. Die Sendung hat mich tief bewegt. Leider hatte ich die ersten Minuten verpaßt und wußte daher nicht, daß Katharina am Ende sterben würde. Zum Ende der Sendung wurde mir jedoch immer klarer, daß sie tot sein muß, weil alle von ihrer Vergangenheit redeten und sie selber gar nicht befragt wurde. In diesen letzten Minuten konnte ich meine Tränen nicht mehr zurückhalten. Und auch jetzt, während ich diesen Brief schreibe, muß ich noch um Fassung ringen. Ich denke mal, daß es Kindern da nicht anders ging, auch wenn sie die ganzen Zusammenhänge zwischen Krankheit, Behinderung und Tod noch nicht vollständig verstehen. Daß Sie dieses schwierige Thema aufgreifen und am Beispiel von Katharina plastisch erklären, ist nur konsequent. Denn auch das ist ein Teil unseres Lebens, auch wenn es gerne tabuisiert oder verdrängt wird. Ich bin ziemlich sicher, daß die Beschäftigung und das verständliche Erklären dieser Themen bei Kindern Toleranz und Verständnis anderer Menschen mit Handikaps gegenüber erzeugt. Und das kann ja nicht falsch sein.

Also bringen Sie ruhig auch mal wieder in Zukunft ein solches Thema neben den interessanten und lustigen Lach- und Sachgeschichten. Denn auf die richtige Mischung kommt es an.

Alexander M. aus Hannover

Liebe Leute von der Sendung mit der Maus!

Vielen Dank für die gute Sendung mit der Maus über das Mädchen Katharina – auch wenn wir zwei zum Schluß sogar weinen mußten. Es gehört Mut dazu, in einer Kindersendung so ernste Themen wie Behinderung und Tod anzusprechen. In dem trotzdem optimistischen Bericht über das Leben der kleinen Katharina ist Ihnen das gut gelungen. Wir haben im Anschluß an die Sendung noch lange darüber geredet, und Hanna hat dann das beiliegende Bild gemalt. Ich soll es der Mama von dem Mädchen schicken, »damit sie nicht mehr so traurig ist« …

Margit K. und Hanna

Lisa (o. A.)

43

Kai *aus Beverbruch:*
Hallo liebe Maus!

Mein Name ist Kai, ich bin vier Jahre alt.
Leider kann ich noch nicht selbst schreiben.
Darum schreibt meine Mama für mich.
Ich bin ein großer Maus-Fan und ich möchte Dir
und Deinen Freunden einfach einmal sagen, daß
ich Euch und Eure Sendungen ganz toll finde.
Ganz besonders hat mich der Film über die
kranke Katharina, die schließlich gestorben ist,
beeindruckt. Ich habe auch ein bißchen geweint,
als ich das Grab sah. Das Grab sah fast so aus
wie das Grab meiner lieben Katze, die vor eini-
ger Zeit gestorben ist.
Heute will ich mit meiner Mama so ein Lesezeichen basteln, wie Katharina es hatte (...)

Diese Zeilen habe ich im Auftrag von Kai
geschrieben. Er hat sie mir jedoch, was den
Inhalt anbelangt, »diktiert«.

Frau W. aus Beverbruch

Ein Mädchen (9) aus Isen

mausfan Aileen *(10):*
Liebe Maus

Am Sonntag, den 16.3.1997 habe ich die traurige Geschichte über Katharina gesehen. Katharinas Leben war anstrengend, aber schön. Ich
mußte ein paar Tage noch an sie denken. Am
Montag haben wir auch Linsensuppe gegessen,
weil es ja Katharinas Lieblingsessen war.
Obwohl ich keine Linsensuppe mochte, habe ich
sie gegessen. Nach der Sendung war ich sehr
froh, daß ich gesund war. Obwohl so ein
Rollstuhl doch ganz gut wär, man könnte tolle
Sachen damit machen.

Auch wir, Aileens Mutter und Schwester (21),
waren von der Sendung bewegt und beeindruckt.
Sehr gut fanden wir, daß der gewohnte
Sprecher Katharinas Leben wie eine »Sachgeschichte« erzählt hat und die Maus-Spots auch
wie gewohnt eingeschoben waren, dadurch wurde die Tragik gemildert und eine Portion »Normalität« in diese Geschichte mit ihren ungewöhnlichen und bewundernswerten Personen gebracht.
   Aileen stellte nach der Sendung 1000 Fragen, und einige Tage lang kam die Rede immer
wieder auf Katharina. Der Tip unserer Tages-
zeitung (...), Eltern sollen diese Sendung mit
ihren Kindern gemeinsam sehen, war für uns
sehr wertvoll! Katharinas Geschichte und das
Geschick der Redaktion, sie in dieser Form zu
senden, hat bei uns jedenfalls großes Echo

gefunden, viele Gespräche fanden statt, ein dickes Lob den Maus-Leuten.

Illo D.
dankbare Mutter von 4 gesunden Töchtern

Lieber Armin Maiwald, sehr geehrte Damen und Herren,

es war mutig, am 16. März 1997 die Sendung mit der Maus für eine Dokumentation über Katharinas Krankheit zu nutzen. Wir sind jedoch froh, daß unser achtjähriger Sohn nicht – wie inzwischen häufiger – alleine vor dem Fernseher saß. Während des Films nervten ihn die »Unterbrechungen« für die Maus, später war er ungehalten darüber, daß die »traurige Geschichte über das kranke Mädchen« die lustige Maus kaputt gemacht habe, und er fragte, was das mit der Maus zu tun habe.

Bewundernswert die Kraft von Katharinas Familie und die Energie von ihr selber! Wie Katharinas Mutter sagte, Katharina hat einen Eindruck hinterlassen, bevor sie starb; ihre Lebensfreude ist beeindruckend. Wir können uns den Film in anderer Aufmachung gut im Abendprogramm vorstellen, um Eltern von behinderten Kindern, die nur eine kurze Lebenserwartung haben, Mut zu machen, diese Zeit intensiv zu leben und zu genießen. In einer Kindersendung empfinden wir das Thema als zu sensibel und individuell. Da jedes Kind anders reagiert, können Sie die Folgen Ihres Filmbeitrages nicht abschätzen.

Wie viele Kinder in welchem Alter, mit welcher Auffassungsgabe saßen z.B. allein vor dem Fernseher – um 11.30 Uhr, eigentlich Küchenzeit…? Sahen behinderte Kinder zu? Sterbenskranke Kinder, die eigentlich lustige Sachgeschichten erwarteten? Geschwister, die den Tod eines Geschwisterchens verarbeiten müssen?

Würde Katharina noch leben und wäre in die Gesellschaft integriert, so könnte man dem Film eine gewisse Motivation zugestehen, in dem Sinn: auch behinderte Kinder sind Spielkameraden. Aber durch den tragischen Tod beängstigt der Film eher.

Da von den Zuschauern auch niemand zu Katharinas Glück beitragen konnte, bleibt zudem der Beigeschmack eines aufgezwungenen Gaffens, das man mit Ohnmacht, Trauer und Fassungslosigkeit ertragen muß.

Es war also mutig, aber nicht glücklich, diesen Filmbeitrag zu senden. Bitte keine untypische Maus mehr! Aber unsere Hochachtung und gleichzeitiges tiefes Beileid für Katharinas Eltern. Wie gesagt, es wäre eine Abendsendung wert.

Wolfgang und Birgit H. aus
Oppenheim/Rhein

Sehr geehrte Damen und Herren,

hiermit möchten wir uns bei Ihnen über den Sendetermin von Katharinas Geschichte beschweren.

Unsere Tochter Jana ist auch von der in der Sendung dargestellten Krankheit betroffen (spinale Muskelathropie). So wie Katharina ist Jana in ihrem Umfeld (Kindergarten, Nachbarskinder) voll integriert.

Da nicht nur unsere Kinder, (Ann Kristin, 8 Jahre, Jonas, 6 Jahre und Jana, 4 Jahre alt) mit großem Interesse jeden Sonntag die »Sendung mit der Maus« sehen, sondern auch die Kinder, die Jana kennen, gab es in der Woche nach der o.g. Sendung für uns sowie für Jana viele, zum Teil sehr unangenehme Fragen zu beantworten, da die Kinder sehr schnell einen Bezug zu Jana fanden. Ein Grund hierfür ist, daß Jana auch einen E-Rollstuhl (LOX) fährt, genau wie Katharina in der Geschichte. Die häufigste und schlimmste Frage war: »Muß Jana auch mit sieben Jahren sterben?«

Natürlich haben wir uns als Familie seit der Diagnose von Jana mit der Krankheit auseinandergesetzt und uns (...) auch mit dem Thema Tod beschäftigt. Wir haben allerdings dabei die Erfahrung gemacht, daß dies ein langer Prozeß ist und es dazu immer wieder neue Fragen gibt. Grundsätzlich fanden wir die Darstellung von Katharinas Geschichte ganz gut, zumal das Zusammenleben zwischen behinderten und nicht behinderten Menschen sich auch heute noch als sehr schwierig erweist.

Allerdings über das Ende, Katharinas Tod, hätte man mehr Aufklärung betreiben können, oder aber die Sendung nur für Erwachsene zu einer entsprechenden Sendezeit ausstrahlen sollen.

Außerdem ist Jana jetzt nicht mehr nur das (arme) behinderte Kind in unserem Umfeld, sondern auch noch eine Stufe schlimmer: das arme sterbende Kind.

Familie H. aus Siegen

Viola (6) *aus Berg:*
Lieber Christoph,

wie jeden Sonntag habe ich mich auch heute sehr auf die Sendung mit der Maus gefreut, weil ich dort immer etwas Schönes lerne. Dieses Mal war ich jedoch sehr enttäuscht und traurig: Ihr habt gezeigt, daß ein 7jähriges Mädchen gestorben ist. Ich muß den ganzen Tag daran denken und habe richtig geweint. Ich hätte mir lieber gewünscht, daß Ihr mir zeigt, wo der liebe Gott herkommt, oder warum es Wolken gibt. Aber wenn ich etwas von toten Kindern höre, komme ich mir vor, als wenn ich einen Erwachsenen-Film sehe, in dem Menschen umkommen durch Krieg und Unfälle. Ich frage mich, ob jetzt noch viele Kinder die Sendung mit der Maus sehen wollen, weil sie jetzt Angst haben. Ich liebe die Sendung mit der Maus, aber ich traue mich nicht mehr, sie zu sehen, wenn tote Kinder vorkommen.

Viola (6)

Liebe Maus und Produzenten,

Ihr habt alle sehr viel Courage bewiesen, diese Sendung so – mit ihrem bitteren Ende – auszustrahlen.

Wie bereits vorher in der Presse angekündigt, werdet Ihr viel Kritik erhalten: Wie kann man kleine Kinder nur so aufwühlen! Nun, wir sind eine fast Fernseher-freie Familie und unser Kind hat – außer der Sendung mit der Maus – keinen regelmäßigen Kontakt mit diesem Medium, ist deshalb vielleicht auch nicht in der Weise abgestumpft, wie man es wohl bei dauerhaftem Konsum von »harten Drogen« befürchten muß.

Natürlich war unser Kind sehr stark von Eurer ausgestrahlten Sendung betroffen, und ich hatte den Sonntag lang zu tun, sie wieder ins Lot zu bekommen, ob der Ungerechtigkeit Gottes, dieses kleine Mädchen, »obwohl sie sich doch so stark zeigte«, nun doch sterben zu lassen.

Ihr setzt hier ein sehr hohes Maß an Verständnis und Einsicht an Erziehungsarbeit in der heutigen Zeit voraus. **Ich persönlich finde das höchst begrüßenswert!** Viel zu schnell wälzt man als Eltern doch die erzieherische Verantwortung und die bewußte Auseinandersetzung mit Problemen in der Erziehung auf äußere Umstände ab, nur daß man sich nicht selbst den Themen (wie z.B. dem Tod) stellen und sie mit den Kindern diskutieren muß.

Mit diesem Brief wollen wir Euch dringend ermutigen, in diesem Sinne weiterzumachen! (...) Dafür hat Euch Inga noch eine schöne Maus gezeichnet.

Annette W. aus Korntal-Münchingen

Hallo liebes Mausteam!

Meine Tochter Viola ($7^1/_2$ Jahre) ist ein großer Maus-Fan. Sie freut sich auf jede Sendung mit der Maus.

Ich selber halte die Sendung für sehr wertvoll und lasse Viola mit gutem Gewissen die Sendung ansehen. Um so mehr bin ich über die Sendung vom 16. März über Katharina erstaunt.

Es ist Sonntag um 11.30 Uhr, und Viola sitzt auch schon gespannt vor dem Fernseher. Sie freut sich auf die Maus und auf die schönen Lach- und Sachgeschichten. Viola darf sich die Sendung alleine ansehen, da ich der Meinung bin, daß es sich um eine kindergerechte Sendung handelt, die Kinder sich auch eigenverantwortlich ansehen können. Mit einem Ohr höre ich dann immer mal wieder hin und bin über Katharinas Entwicklung und Fortschritte erstaunt. Plötzlich ist aber die Rede von Katharinas letztem Tag. Ich setze mich zu Viola und bekomme ein mulmiges Gefühl. Viola fragt noch: »Was meinen die damit?« und ich sage wie erstarrt »Katharina wird wohl sterben«. Und genau so war es dann auch. Mir

Inga (o. A.)

liefen die Tränen nur so die Wangen hinunter. Es war ein total trauriger Moment. Das Ganze wurde dann auch noch durch die Einblendung der toten Katharina in ihrem Bettchen sowie durch ihr Grab mit den ganzen Kränzen dramatisiert. Viola war völlig verstört über das unerwartete Ende der Geschichte, über ihre weinende Mutter und über ihre eigenen Gefühle. Violas Erstaunen und ihre Freude über Katharinas Entwicklung waren wie weggewischt. Meine Tränen waren es mittlerweile auch, und ich merkte, wie Wut in mir aufstieg.

Ich frage Sie nun: Ist es nötig, eine ganze Maus-Sendung, die doch sonst über Lach- und Sachgeschichten berichtet, über das Thema

Sterben zu machen? Warum wurden die Eltern nicht über das Thema in den Medien informiert, so daß sie die Möglichkeit gehabt hätten, mit ihren Kindern gemeinsam die Sendung anzusehen?

Welcher Sinn steckte hinter der Geschichte? Was sollte den Kindern vermittelt werden? Wann folgt eine Sendung über den Umgang mit Trauer? Welchen Gefühlen war wohl meine Tochter durch Katharinas Tod ausgesetzt, wenn ich als erwachsener Mensch schon zutiefst traurig war? Kann ich in Zukunft meine Tochter die Maus nicht mehr mit ruhigem Gewissen alleine ansehen lassen?

Ich bin nicht der Meinung, daß das Thema Tod ein Tabu-Thema sein sollte, jedoch ärgert es mich, daß Viola und ich so unvorbereitet dieser Thematik ausgesetzt wurden. Viola selbst hat auch ein paar Zeilen verfaßt, die ich Ihnen beilege.

Ich halte Sie für ein aufgeschlossenes und kritikfähiges Team und würde mich über eine Antwort von Ihnen sehr freuen.

Margit P. aus Andernach

Viola (7)

Hallo Liebe Maus!

ich Bin ein Grosser Fan von Dir. Aber die Sendung Mit der kateriner war sehr Traurig und ihr sollt so eine Sendung nie mehr zeigen. ihr sollt Lieber interessante Sendungen zeigen ich sehe gerne den Maulwurf und ich sehe auch gerne den Blauen Elefanten. und dich und die Gelbe Ente Deine Viola Paulmann

schreib Mir Doch mal.

Lieber Armin Maiwald,

heute war in unserer Familie »Maustag«, also saß ich mit meinen Kindern um halb zwölf vor dem Fernseher und habe die »Maus« gesehen. Meine Frau kam ganz bewußt auch dazu, weil die Sondersendung über Katharina, die vor einem Jahr starb, angekündigt worden ist. Wir haben jetzt drei Kinder: Julia ist 7, Magnus 5 und Bernward 3 Jahre alt. Alle drei gehören – mit mir – zum Stammpublikum. Die Kinder haben sich keinen Augenblick daran gestört, daß die »Maus« einmal ganz anders aufgemacht war. Erwartungsgemäß haben sie konzentriert zugesehen und dann erst einmal gar nichts gesagt. Nach einigen Stunden kamen die ersten Nachfragen: Ob Katharina jetzt schon zu Staub geworden ist, wie ich zu diesem Geschehen stehe, daß die kleine Schwester bald kräftiger war und daß es einen ähnlichen Fall im Bekanntenkreis gibt usw.

Das wird nun in den nächsten Tagen und Wochen so weitergehen - und wir sind sehr froh darum. Es ist Ihnen gelungen, über das Medium Fernsehen eine der Lebensfragen aufzugreifen, die uns alle angeht, und in gelungener Weise Kindern zu vermitteln.

Godehard H. aus Köln

Florian *(4) aus Burgthann-Grub:*

Lieber Armin, lieber Christoph,

ich fand es sehr schön, daß Ihr die Sendung über Katharina gemacht habt. Zum Glück habt Ihr die Sendung gezeigt, sonst würde ich überhaupt nichts über Katharina wissen.

Ich fand es ganz besonders schön, daß Katharina Sandkuchen backen konnte und gelernt hat, sich zu bewegen. Sie war ein richtiges Wundermädchen.

Haagen, den 15.03.

An Armin und ~~~~ Christoph

Ich fand die Leßte Maus nicht so gut, weil sie so traurig war. Die anderen normalen waren viel lustiger. Die Maus fand ich nicht so gut weil Katharina erst so ein Wunderkind war und man gedacht hat sie kommt durch und zum schluss doch gestorben ist.

Von Julia
10 Jahre alt

Sehr geehrte Damen und Herren,

ich sah mir am Sonntag, den 16. 3. 1997 um 11.25 Uhr die »Sendung mit der Maus« an. Auch mit meinen 22 Jahren bin ich von der Sendung noch immer begeistert, da man auch als Erwachsener interessante Berichte dabei sieht.

Doch diesmal war ich wirklich erschüttert! Es wurde an diesem Tag ein Bericht von einem

Christine (7) aus Plön

Liebe Maus
seid ich Die Maus mit dem Kind ~~Die Maus~~ Gesen habe füle ich mich Gans Schlecht ich denke das ich auch krank werde und bald Schterben mus

KATHARINA

Katharina (6)

behinderten Mädchen gezeigt, das überraschend gestorben war. Bis zu diesem Zeitpunkt dachte ich mir nicht viel dabei; doch dann wurde ein Bild des toten Mädchens eingeblendet, wie es mit gelblichem Gesicht und Augen und Mund offen in seinem Kinderbett lag!

Ich frage mich allen Ernstes, was Sie sich dabei gedacht haben? Ihre Sendung ist angeblich für Kinder ab 4 Jahren geeignet. Wie wollen Sie das einem 4jährigen Kind erklären? Einige Kinder, die dieses Bild gesehen haben, müssen doch total verwirrt sein und davon Alpträume bekommen! Das Bild einer Toten gehört meiner Meinung nach nicht in eine Sendung für Kleinkinder, die meistens nicht mal wissen, was der Tod eigentlich bedeutet.

Eine Bekannte, die Kinder in diesem Alter hat, war genauso erschüttert wie ich! Zum Glück sahen ihre Kinder den Bericht gerade nicht, weil sie kurz vorher aus dem Zimmer gegangen sind.

Ich hoffe, von Ihnen eine Stellungnahme in dieser Sache zu bekommen.

Carola L. aus Karlsfeld

Katharina *aus Fürth:*
Liebe mausmacher,

ich heiße Katharina und bin 6 Jahre alt, und seitdem ich mich erinnern kann, ein riesengroßer Fan Eurer Sendung. Eure letzte Sendung zum 26. Geburtstag der Maus hat mich sehr gerührt, sicherlich auch, weil Eure Katharina und ich den gleichen Namen tragen und sie nur 1 Jahr älter ist als ich. Auch meine Eltern fanden, daß Ihr das schwierige Thema »Sterben« und »Tod« für uns Kleine gut verstehbar dargestellt habt. Da ich selber schon öfters übers Sterben nachgedacht habe, fand ich diesen Film besonders interessant. Am allermeisten hat mir gefallen, daß Katharina bei ihrer Familie, ihren Freunden, Kindergärtnerinnen und der Lehrerin eigentlich immer noch so lebendig ist - und sich alle so gerne an sie und die Zeit mit ihr erinnern.

Es wäre schön, wenn sich auch an mich einmal ganz viele Menschen erinnern und sich freuen, daß wir uns gekannt haben. (...)

Liebe Maus, mir hat Dein
Film über Katharina
nicht gefallen.
Das Katharina
gestorben ist, hat
mich sehr traurig
gemacht. Ich mag
den Tod nicht da
liegt man ganz still da
und kann sich nich beweg.
nicht bewegen.
Das letzte Bild von der
toten Katharina
war schrecklich!
Dein Daniel

Sehr geehrte Damen und Herren,

wie gestern im Armin-Erklär-Stil die Lebensgeschichte eines behinderten Kindes erzählt
wurde, fand nicht unsere Zustimmung.
Zu unvermittelt, zwischen Maus- und Elefant-
Slapsticks, wird das Kind tot aufgefunden.

Wir meinen, eine etwas behutsamere Darstellung mit Sendetermin Totensonntag wäre
angemessener gewesen als der Geburtstags-
termin. Zuschauende Kinder werden unnötig
verwirrt und geängstigt.

Martin R. aus Freiburg

Daniel (o. A.)

Sehr geehrte Damen und Herren,

mit meiner 11jährigen Tochter Deborah habe
ich heute den Beitrag über die kleine Katharina
gesehen. Ich habe noch nie einen so sensiblen
Beitrag über das Schicksal eines behinderten
und so lebensbejahenden Kindes gesehen wie
heute. Meine Tochter selbst ist körperbehindert.
Mit der ruhigen und positiven Erzählweise ist
es Ihnen gelungen, eine Schallmauer für unsere
Behinderten zu durchbrechen. Ich danke Ihnen
ganz herzlich und hoffe, daß Sie diesen mutigen
Weg des kritischen und schwierigen Kinderpro-
gramms so weitergehen.

Meine Hochachtung.

Michael H. (kein Ort angegeben)

Liebes Maus-Team,

gerade haben wir (Mama, Papa, Saskia 6, Clau-
dia 4) Eure Sendung über Katharina gesehen.
Es war schön und traurig. Ich möchte mich bei
Euch bedanken, daß Ihr diese Sendung gemacht
habt. Es wurde so vieles gezeigt von den Dingen
und Werten, die wir unseren Kindern
vermitteln wollen und bei denen wir manchmal
merken, daß es gar nicht so einfach ist.

Ich war zum Beispiel sehr überrascht und
auch ein wenig hilflos, als ich versuchte, Saskia
zu erklären, was die Bedeutung einer integrier-

ten Klasse ist, und sie ganz strikt sagte, sie will nicht in so eine Klasse. Ich hatte ihr erzählt, daß ein paar Kinder nicht alles so gut können wie sie, dafür aber vielleicht andere Dinge sehr gut können. Aber es ist sehr schwer, das einem Kind zu vermitteln, besonders, wenn man selbst keinen Kontakt zu Behinderten hat.

Aus diesen Gründen hoffe ich, daß Eure Sendung dazu verholfen hat, eine etwas genauere Vorstellung zu bekommen und auch eine positive Einstellung zu anderen Menschen, die halt nicht so durchschnittlich sind wie wir.

Ich denke, wenn Saskia tatsächlich eine integrierte Klasse besuchen wird, hat sie durch Eure Sendung einen erheblich anderen Hintergrund als vorher. Und zusammen haben wir jetzt eine gemeinsame Basis, auf der wir uns verständigen und auseinandersetzen können.

Bärbel P. aus Frankfurt/M.

Sehr geehrte Damen und Herren,

Wir – Eltern, Friederike (7 Jahre) und Charlotte (6 Jahre) – haben die Sendung mit der Maus gesehen. Charlotte weint seit einer Viertelstunde und ist nicht zu beruhigen. Ich finde es verantwortungslos, eine solche Geschichte ohne Vorwarnung auf Kleinkinder loszulassen. Hätten wir um die Thematik gewußt, so hätten wir unserer mitfühlenden Tochter Charlotte diesen Film erspart! Es war eher Zufall, daß ich mich heute zu den Kindern gesetzt habe, da ich sonst um diese Zeit koche.

Die ersten Minuten dieser Sendung habe ich nicht gesehen. Kinder brauchen Vorbereitung oder einen Anlaß, um mit diesem Film umzugehen! Der Film hat wie eine kalte Dusche gewirkt, da die Kinder etwas Lustiges erwartet haben. Es sehen so viele Kinder Ihre Sendung. Noch viel jüngere Kinder als die unseren. Noch viel mitfühlendere Kinder als die Charlotte.

Heute haben Sie vielen Kindern großen Kummer zugefügt!

Margareta B. aus Oberhausen

Liebe Maus

Ich finde es ganz toll, das ihr die Sendung mit Katharina gezeigt habt. Es gibt nicht nur gute Seiten, sondern auch schlechte Seiten. Ich bin sehr traurig das Katharina tot ist. Toll finde ich, das sich alle so lieb um sie gekümmert haben.

Eure
Elena 8 Jahre

Elena (8) aus Arnsberg

Nadine *(o. A.) aus Bochum*

Hallo Ihr Lieben!

(...) Mit Eurer letzten Maussendung ist Euch ein Meisterwerk gelungen. So eine einfühlsame und berührende Dokumentation!!! Wenn ich ehrlich sein soll, ich hab sogar geheult. Besonders am Schluß. Einer Freundin gings auch nicht anders. (...) Ich glaube kaum, daß das »Tabu«-Thema, naja, »schädlich« (wie soll ich anders sagen) für kleine Kinder war. Ich glaube, viele sind schon mit dem Tod konfrontiert worden wie z.B. der Tod der (Groß-)Eltern. Wenn Ihr mal die Eltern von Katharina seht, sagt Ihnen viele Grüße. Wenn man in den Nachrichten Bilder von Verwüstungen, Totschlag, Tierversuchen, Naturkatastrophen sieht, brennen sich diese Bilder schon ins Gehirn. Aber dieses tapfere mutige Mädchen werde ich wohl nie mehr vergessen. Sie wird immer ein kleines Vorbild für mich sein, ich werde immer an sie denken, wenn es mir auch mal so geht. So eine Super-Maus-Sendung habe ich noch nie gesehen.

Katharinas Grab mit Eltern und Schwester, von Tanja (7) gemalt

Tanja:
Lieber Christoph,

ich habe die Maus gesehen, die ihr für Katharina gemacht habt. Ich fand es so traurig, daß Katharina gestorben ist.

Sie war 7 Jahre alt, geht ins Bett und ist am Morgen tot. Nach der Sendung habe ich ganz doll geweint. Ich bin auch fast 7 Jahre alt. Die anderen Maus-Sendungen waren toll. Nicht so traurig. Noch so eine Maus-Sendung möchte ich nicht sehen.

Traurige Grüße!

Liebes Maus-Team,

(…) Ich kann mir vorstellen, dass sich die Gemüter im Guten wie im Schlechten sehr erregt haben, die Geschichte von Katharina in einer Maussendung zu erzählen. Ich selbst war ein bisschen bange, ob meine Tochter (im Mai wird sie 4) überhaupt fähig sein würde, den Film zu »verkraften«. Ihre Art zu sehen hat mich schließlich sehr verblüfft. Nicht sie, sondern ich hatte Probleme beim Zusehen, da ich mich mit der Mutter identifizierte und Angst hatte, meine Tochter zu verlieren. (…)

Philip (7)
aus München

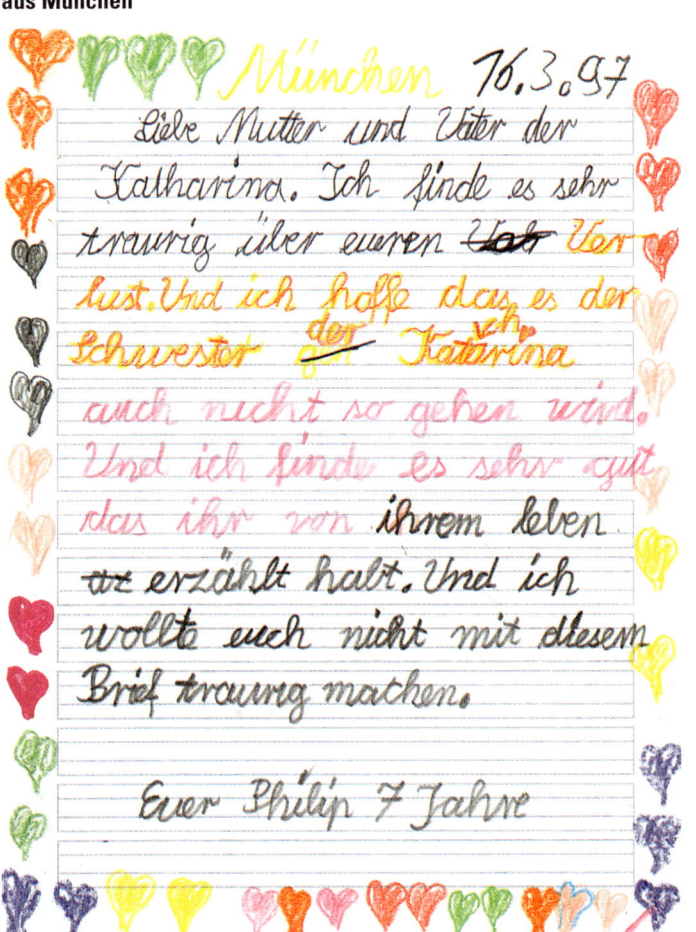

München 16.3.97

Liebe Mutter und Vater der Katharina. Ich finde es sehr traurig über eueren Ver lust. Und ich hoffe das es der Schwester ~~der~~ Katharina ich auch nicht so gehen wird. Und ich finde es sehr gut das ihr von ihrem leben ~~er~~ erzählt halt. Und ich wollte euch nicht mit diesem Brief traurig machen.

Euer Philip 7 Jahre

Katharina in ihrem E-Rolli, gemalt
von Philips Schwester Hannah (5)

Katharina in ihrem E-Roller von Hannah 5 J.

Jana hat sich die Geschichte von Katharina nun schon mehrmals angeschaut, am Anfang gleich zweimal hintereinander (wir zeichnen alles per Video auf). Besonders angetan war sie von Katharinas Trick mit den Duplosteinen. Und schließlich ertappte ich mich selbst dabei, wie ich am Ende der Sendung um die Ecke blinzelte, um noch einmal das Bild des toten Mädchens zu sehen. Da fiel mir wieder ein, dass ich als etwa sechsjähriges Kind meine Eltern ausgiebig löcherte, ich wollte einmal einen toten Menschen sehen. Schließlich besuchten wir gemeinsam den »Bleikeller« im Bremer Dom, und ich schaute mir völlig enttäuscht und ziemlich teilnahmslos vertrocknete Mumien irgendwelcher »Persönlichkeiten« an. So hatte ich mir einen Toten nun wirklich nicht vorgestellt!

In diesem Sinne wünsche ich Euch weiterhin den Mut zum wirklichkeitsnahen, kindgerechten, unkonventionellen, offenen Geschichtenerzählen. Wenn auch viele Erwachsene die Maus gerne schauen, so bleibt es doch vor allem eine Sendung für Kinder, deren Meinung durch die Elternmünder häufig verzerrt oder verkehrt wird.

Jutta R. aus Deinstedt

An die verantwortlichen Damen und Herren der Redaktion »Sendung mit der Maus«

Per Zufall sah ich am 16. März 97 Ihre »Sendung mit der Maus«. Ich kannte diese Kindersendung schon aus früheren Beiträgen und war eigentlich immer recht angetan von dem zwar typisch deutschen, pädagogisch wertvollen, aber immerhin noch einigermaßen witzigen Konzept.

Was ich aber an diesem Sonntag zu sehen bekam, war für mich (43) unglaublich: Sie dokumentierten das kurze Leben der kleinen Katharina und scheuten sich nicht, den Tod des Mädchens nicht nur zu erzählen, sondern auch noch mit einem Foto der kleinen Verstorbenen Ihren Zuschauern vorzuführen. Ihre Zuschauer: Das bedeutet (lt. Programmzeitschrift) Kinder ab 4 Jahren!

Für die »Normalität«, die Ihr Sprecher mit geradezu heiterem Unterton und ansonsten sachlicher Erzählweise zu suggerieren versuchte, fällt mir nur das Wort »pervers« ein, und auch das halte ich noch zu schwach für eine solche Infamie! – Das Ganze wurde »aufgelockert« mit lustigen Zwischenspots der Maus mit ihrem Elefanten. Haben Sie gar kein Empfinden mehr für das, was man Kindern zumuten kann und was nicht?

Wenn Sie der Meinung sind, daß der Tod auch für 4jährige zur Normalität werden soll, dann ist das Ihre Sache. Sie können jedoch nicht davon ausgehen, daß alle Kinder ein solches Sterben problemlos als normal »wegstecken«. Können Sie sich wirklich nicht vorstellen, daß es kleine Zuschauer gibt, die davon einen Schock bekommen könnten, solche Bilder nicht mehr loswerden können und davon träumen müssen?

Muß man heute wirklich auf so brutale Weise den Kindern ihre eventuell unbedarfte Heiterkeit nehmen? Wie oft wird im Fernsehen ein Journalismus angeprangert, der mit Kriegs- oder Verbrechensreportagen auf die Sensationsgier der Zuschauer setzt und hemmungslos Bilder von Leichnamen zeigt!

Ihre Sendung mit der Maus vom 16. März 1997 war für mich »Reality-TV« von der allerschlimmsten Sorte!

Voll Empörung

Irma M. aus Frankfurt/Main

Daniel, Mirko, Mattis, Heike und Michael

56

Liebe Leute von der Maus,

(...) In den Momenten, in denen man solche Schicksale erfährt, sind wir froh, gesund zu sein und gleichzeitig ein wenig betroffen, wie wenig man diesen Umstand sonst wahrnimmt. Und das ist das Schöne an der Maus, daß hier auch solche ungewöhnlichen und sonst gerade in Kindersendungen kaum angesprochenen Themen behandelt werden, ohne dabei die Kinder zu erschrecken. Es ist etwas völlig Normales. Selbst die Behinderung und der Tod.

*Daniel, Mirko, Mattis,
Heike und Michael T. aus Herford*

Lieber Christoph!
Lieber Armin!

Am vergangenen Sonntag (16. 3.) habe ich mit unseren Kindern (10 und 7 Jahre alt) wie immer die Sendung mit der Maus gesehen. Die Geschichte von Katharina, die trotz so schwieriger Startbedingungen und größter körperlicher Einschränkungen so viele positive Erfahrungen und Schritte in ihrem Leben gehen konnte, hat uns sehr beeindruckt und zu Gesprächen angeregt.

Ich finde es ausgesprochen wohltuend, daß die Sendung mit der Maus Tabuthemen wie Behinderungen oder auch das Thema Tod anspricht und aufgreift. Es ist dringend erforderlich, daß wir und unsere Kinder darüber reden und sich damit auseinandersetzen. Die Geschichte von Katharina hat sehr eindrücklich gezeigt, welche Freude sie weitergegeben hat und welche Spuren sie hinterlassen hat. Sie hat gezeigt, wie man sich Schwierigkeiten stellen kann und Möglichkeiten finden kann, mit ihnen umzugehen und an ihnen zu wachsen. Auch die traurige Tatsache, daß Katharina schon so jung sterben mußte, gehört zu ihrer Geschichte dazu und sie gehört auch zu den Erfahrungen, die unsere Kinder und wir machen müssen.

Elisabeth B. und Familie aus Soltau

Alexandra (o. A.)

Sehr geehrter Herr Maiwald, sehr geehrtes Mausteam,

Sie haben, wie schon sehr oft, mit viel Einfühlungsvermögen ein sehr hochsensibles Thema dargestellt und es Kinder und ihren Eltern nahegebracht.

Durch unsere Arbeit werden wir immer wieder mit dem Tod von Kindern konfrontiert. Immer wieder erfahren wir, daß Familien, in denen ein Kind stirbt, auf Unverständnis in ihrer Trauer stoßen. Das liegt sicherlich auch daran, daß kaum jemand wahrhaben will, daß Kinder sterben können. Deshalb danken wir Ihnen von ganzem Herzen für Ihre Sendung und wünschen uns für alle Kinder und ihre Eltern, daß die Maus so bleibt, wie sie ist.

Bundesverband
Herzkranke Kinder e.V., Aachen

Liebes Maus-Team, lieber Armin (denn Du hast die Texte gesprochen),

in der vergangenen Woche, am Freitag vor der Katharina-Maus, kam unser Sohn (6 J.) vom Kindergarten heim und erzählte ganz aufgeregt: »Heute haben wir aber Glück gehabt, denn wir haben eine Beerdigung gesehen!« – Auf dem Weg von der Turnhalle zurück zum Kindergarten waren sie (wie immer) über den Friedhof gegangen und hatten den Pfarrer gesehen, der am Grab Gebete sprach. – »Wir haben Glück gehabt«, ich habe mich gefreut, als ich davon hörte, denn mir scheint es gut, wenn die kindliche Neugier auch im Tod noch den Erlebnischarakter sieht. Nicht nur, sicherlich, aber eben auch.

Am Sonntag war dann ja die Maus angekündigt, in der es um Katharina gehen sollte. Wir lassen unsere Kinder – Simon, Stella (4 J.) und Sönke (2 J.) – nur selten alleine fernsehen, und wenn, dann zumeist aufgenommene Folgen der Maus. Diesmal aber saßen die beiden Großen bei Mama und Papa auf dem Schoß, während sie die Geschichte von Katharina sahen.

Während der Sendung bekam Simon etwas Angst, doch nicht so groß, daß er nicht auf meinem Schoß und in meinem Arm versuchen wollte, weiter zu sehen. Am Ende aber, als die Maus vorbei war, fing er tüchtig zu weinen an, wollte auch nicht, daß ihn die anwesenden Großeltern und die Großtante so sahen, dann sind wir zusammen in ein anderes Zimmer gegangen, wo er sein Weinen nicht mehr verstecken mußte.

Vielleicht bekommen unsere Kinder etwas mehr als andere mit, was Tod bedeutet; kein Wunder auch, wenn der Vater Pastor ist. Aber ich denke, daß es für alle Kinder wichtig ist, sich mit diesem Thema auseinanderzusetzen. Man muß altersgemäß – und lebenslang – lernen, mit der Tatsache zu leben, daß dieses Leben irgendwann ein Ende haben wird. Und

so fand ich es sehr gut und sehr mutig von Euch, daß Ihr Euch dieses Themas angenommen habt. Auch die Art und Weise »wie« hat mich sehr überzeugt.

Ihr habt von einem Leben berichtet, und von seinem Ende. Ihr habt Fotos und Bilder des Neugeborenen bis hin zur Leiche gezeigt. Ihr habt von großartigen und faszinierenden Entwicklungsprozessen erzählt. Ihr habt das Wunder eines Lebens sehr anschaulich geschildert. Der Tod war das überraschende – und zugleich nicht überraschende – Ende dieses faszinierenden Lebens. Aber was heißt Ende?! (...)

Ich fand es gut, daß Ihr auch ein solch schweres Thema nicht ausspart, daß Ihr es weder Euch noch den Kindern erspart. Und das in einer Zeit, in der es eben keinen selbstverständlichen Umgang mit dem Tod mehr gibt, so wie es vielleicht in Zeiten der Großfamilien gewesen sein mag.

Ich hoffe nur, daß viele Kinder die Chance hatten, mit ihren Eltern zusammen diese Sendung zu sehen – und ich hoffe, daß die Eltern für die Kinder Gesprächspartner waren, die nicht zu schnell mit billigem Trost und mit platten Sprüchen kamen.

Rüdiger J. aus Reken

Lieber Herr Maiwald
und liebe andere »Mausmacher«,

(...) Ich bin sehr froh, daß Sie auch das Thema Tod, und insbesondere den Tod eines Kindes, nicht aussparen (...) Die Geschichte von Katharina und ihrer Familie ist mir sehr nahe gegangen. Gleichzeitig finde ich es schier unglaublich, daß ein so kleines Kind so viel erdulden konnte und nicht nur das. Es war fröhlich, und jeder könnte sich für sich selbst nur ein wenig von dieser Kraft und diesem Lebenswillen wünschen.

Ich bin inzwischen 31 Jahre alt und versäume selten die Sendung mit der Maus. (...) Als kleines Kind hätte ich mir gewünscht, daß mir jemand etwas über den Tod erzählt und erklärt. Leider war das ja gegenüber Kindern immer ein Tabu. Und so war es für mich auch nicht zu begreifen, als ich ca. 6 Jahre alt war und ein Mädchen aus meiner Schule starb. Die bruchstückhaften Kommentare der Erwachsenen dazu trugen nur zu noch mehr Verwirrung bei. Vermutlich werden Sie für diese Sendung nicht nur Lob bekommen. Ich bin jedoch der Meinung, Sie haben es sehr gut gemacht. (...) Das war eine wichtige Sendung.

Sabine B. aus München

Martin (5)

Lieber Armin Maiwald,

Eure Maus-Sendung hat uns tief berührt. Denn am 31. 1. 1997 brachte ich bei uns zu Hause ein kleines Mädchen auf die Welt, die wir ebenfalls Katharina nannten. Sie lebte wegen eines schweren Herzfehlers nur 25 Stunden. Diese Diagnose wurde schon in der 20. Schwangerschaftswoche gestellt. Wir wußten also, daß sie keine hohe Lebenserwartung haben würde.

Der Schwangerschaftsabbruch wurde mir zu jeder Zeit offengehalten. Ich entschied mich, sie auszutragen. Das kurze Leben von Katharina war für uns trotzdem eine sehr große Bereicherung. Wir hatten Katharina drei Tage und eine Nacht zu Hause aufgebahrt.

Es kamen viele Leute, darunter auch Eltern mit Kindern aus dem Kindergarten von unserer fünfeinhalbjährigen Tochter Susanna. Die Kinder gingen ganz unbefangen mit der toten Katharina um. Unsere Tochter war auch dabei, als ihre Schwester in meinen Armen starb. Sie trug am nächsten Tag ihre tote Schwester nochmals durch die Wohnung. Sie ging sehr natürlich mit der ganzen Situation um. Und wir haben den Eindruck, daß sie es ganz gut verkraftet hat.

Wie nahe Geburt und Tod zusammenhängen, konnten wir durch unsere Katharina erleben. Warum das Thema Tod bei uns so gemieden wird, kann und konnte ich noch nie richtig verstehen. Darum habe ich mich besonders gefreut, daß dieses Thema in der Maus-Sendung vorkommt.

Vera Sch. aus München

Liebe Maus-Redaktion,

(...) Ich schreibe diesen Brief, weil das Thema Sterben im Moment auch unseren Sohn Yannick, 5 Jahre, sehr beschäftigt. Vor gut einem Jahr ist sein so geliebter Opa nach langer Krebskrankheit gestorben. Es war für mich sehr schwierig, ihm zu erklären, wo der Opa geblieben ist und was Sterben eigentlich bedeutet, daß es ein wichtiger Teil unseres Lebens ist.

Vor wenigen Wochen hat er selbst die erste Beerdigung erleben »dürfen«. Er stand mit uns am Grab seiner fast 97jährigen Urgroßmutter und hat ganz unbefangen Fragen gestellt. »So groß ist ein Sarg und so tief ist die Grube. Was bedeutet Erde zu Erde und Asche zu Asche?« Wir konnten ihm all das in Ruhe erklären (...). Ich bin überzeugt, er hat jetzt weniger Angst als beim Tod seines Opas und traut sich, seine Fragen offen zu stellen. In dem Wissen, er bekommt eine Antwort. Und es ist genau das, was Ihr auch in Eurer Sendung habt spüren lassen. Wir müssen hingucken und hinfühlen. Wir müssen begreifen, was Krankheit und Tod bedeutet, erst so verlieren unsere Kinder die Angst. Alles Unausgesprochene, wie »das verstehst du noch nicht«, macht Angst.

Ich vermute, daß es in Eurer Redaktionskonferenz einige Debatten um die Frage gegeben hat, soll/darf man eine solche Sendung machen, darf man auch das Bild des verstorbenen Mädchens den Kindern zeigen? Auch hier danke ich Euch für Euren Mut und Katharinas Eltern für ihren Mut und die Bereitschaft zu diesem wichtigen Film.

Yannick hat die Sendung mit seinem Vater gesehen. Sobald ich nach Hause kam, hat er mir ganz aufgeregt davon erzählt. »Mami, die haben da ein Mädchen gezeigt, das war ganz krank und behindert und ich fand so traurig, daß das Mädchen dann gestorben ist.« Er wollte die Sendung (...) dann aber wieder sehen. Er spricht seit dem letzten Sonntag immer wieder von diesem Mädchen und daß er ihren Tod so traurig fand. Ich habe mir die Aufzeichnung heute allein angesehen und mir liefen seit langer Zeit zum ersten Mal wieder die Tränen runter. Doch ich bin fest davon überzeugt, auch diese traurige Wahrheit müssen Kinder begreifen. So sehr man sie auch instinktiv davor schützen will, es sterben leider nicht nur alte Leute. So etwa hat Yannick das bisher gesehen. Wir haben in gutem Glauben versucht, ihm diese Wahrheit stückweise beizubringen. Danke für Eure Hilfe dabei. Ich vermute, mein Brief wird nur einer in einer Flut von Zuschriften sein. Auch in meiner Familie gab es teilweise recht erregte Diskussionen darüber, wieviel man Kindern schon »zumuten« darf. Unser Schweigen zu diesem Thema wäre eine Zumutung. Es ließe sie mit ihren Fragen und Ängsten allein.

Almut Sch. mit Familie aus Berlin

Sophia *(7) aus Darmstadt:*

Liebe maus,

ich finde es schade, daß Katharina gestorben ist. Ich bin auch 7 Jahre. Warum ist Katharina gestorben? Nach der Sendung war ich sehr traurig. Ich habe geweint. Ich heiße Sophia. Ich bin in der Schule. Ist Katharina im Garten oder auf dem Friedhof beerdigt? Ich glaube, Katharina ist jetzt in den Wolken und lebt jetzt dort glücklich weiter. Meine Mama hat den Brief für mich geschrieben.

Sophia (7)

Liebe »Maus-Macher/innen«!

Meine Tochter Clara hat der Maus einen Brief geschrieben, weil die heutige Sendung sehr traurig für sie war. Clara ist 6 Jahre alt und geht noch nicht zur Schule. Den Brief hat sie mir diktiert (...)

Liebe maus!

Ich fand die Geschichte mit der Katharina traurig.
Warum ist sie eigentlich gestorben?
Feiert Ihr nächstes Mal richtig Maus-geburtstag?
Die Katharina hätte ich gerne mal kennengelernt.
Wie geht es ihrer Schwester?
Heute war's richtig traurig;
Ich mußte weinen.

Ich selbst habe die Sendung mit angeschaut und finde, daß sie gelungen ist. Eine ungewöhnliche, aber sensible Weise des Totengedenkens an Katharina!

Clara und Johannes L.-D. aus Reinheim

Clara (6)

Liebe Katharina-Familie!

(...) Katharinas Leben war schöner und intensiver als das mancher »normaler« Kinder. Für uns war es ein Trost, daß sie so leicht gestorben ist, ohne sich quälen zu müssen. Wir werden sie in Erinnerung behalten.

Jean-Marc, Carolina
und Ulrike B. aus Abensberg

Clara (6)

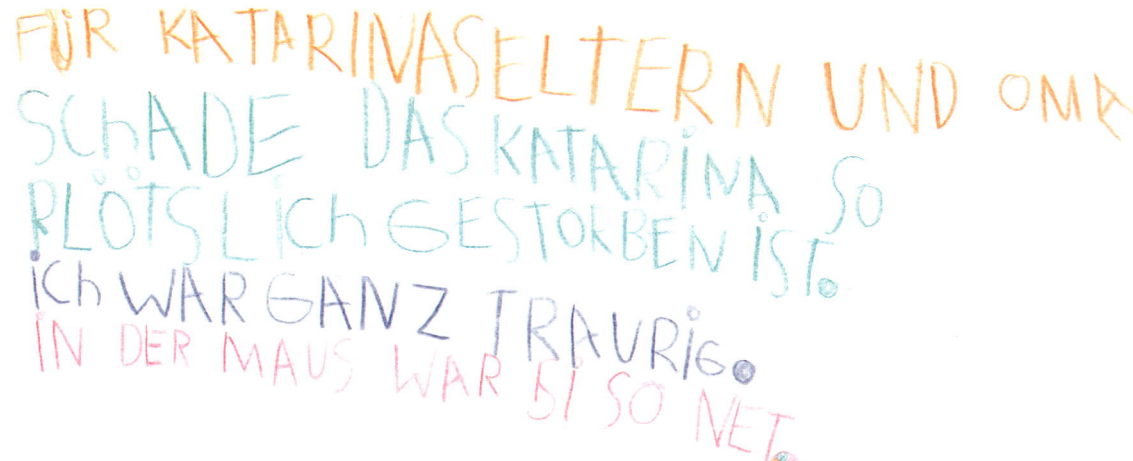

Lisa (5)

Liebe Mausredaktion!

Katharinas Geschichte hat mich sehr beeindruckt. Sie hat ihr Leben gemeistert, obwohl es nur so kurz war. Warum der Herr sie abberufen hat, wissen wir nicht. Ich glaube, Gott hat gesagt: »Ich gebe Dir 7 Jahre, 2 Monate und 10 Tage, mach was draus.« Und sie hat was daraus gemacht. Mancher 70jährige, der stirbt, hat nicht so viel geleistet wie sie. (...)

Frank S. aus Holzminden

An die Redaktion
»Die Sendung mit der Maus«

Der Film am Sonntag über Katharina und ihr kurzes Leben hat uns sehr beeindruckt. (...) Gerade in unserer Zeit ist so ein Film wichtig; er führt vielleicht ein wenig zu Dankbarkeit und Demut!

Unser Sohn Andreas, ein MCD-Kind, heute 24 Jahre, wurde sehr nachdenklich und sprach Dinge an und aus, die uns sehr erfreuten! Erkennen und lernen können wir aber alle davon, ob groß oder klein. Wir glauben, Katharina hatte damit ihre Lebensaufgabe erfüllt und durfte gehen!

Den Eltern möchten wir sagen: »Ihr Kind hat uns allen etwas sehr Wertvolles vermittelt, es hat nicht umsonst gelebt, denn alles Leben hat seinen Sinn und Zweck! Wir wünschen Ihnen Kraft und Gottes Segen, diesen Schmerz über den Verlust Ihres Kindes zu überwinden!«

Elfriede N. und Familie aus Sch.

Richard (6), Bochum:
Liebe Maus,

hier schreibt Dir Richard aus Bochum. Ich wollte Dir sagen, daß ich die Sendung mit Katharina schön und traurig fand. Es war schon toll, was Katharina mit ihrem Rollstuhl alles geschafft hat. Schicke bitte meine Bilder an Katharinas Eltern und sage ihnen, daß sie sie zu Katharinas Grab bringen sollen. Mein Opa Karl paßt im Himmel bestimmt auf Katharina auf. Alles Liebe!

Liebe Eltern von Katharina, liebe Maus!

Vielen Dank für diese Sendung!

Ich denke, es werden auch Beschwerdebriefe eingehen, weil ein Teil unserer Mitmenschen dieses Thema nicht für eine Kindersendung geeignet hält. Unserer Familie hat es geholfen, diese Sendung zusammen anzugucken.

Richard war zunächst sichtlich geschockt, daß diese fröhliche, willensstarke Katharina wirklich tot ist, er hat lange geschwiegen und erst am Abend geredet. Aber er hat geredet! Über Behinderung, Krankheit und Tod und dies hat er nach dem plötzlichen Tod seines Opas nicht getan.

Auch ich bin stark beeindruckt. Ich kann meine Hochachtung vor Katharina und ihrer Familie nur sehr schlecht in Worte fassen.

Sie haben ein schweres Schicksal zu tragen, und sie vermitteln den Eindruck, nicht daran zu verzweifeln. Dies läßt mich über meine eigene Trauerarbeit und über den Tod meines Vaters nachdenken.

Ich weiß, daß es kaum tröstende Worte gibt, die den Schmerz lindern können. Und den Spruch, den wir meinem Vater ausgesucht haben, möchte ich Katharina mitgeben:

Zuhause bin ich da,
wo ich bleib,
wenn ich geh.

Richard K. und seine
Mutter Christiane aus Bochum

Hallo liebe Maus,

diese Bilder haben unsere beiden Töchter Sophie (6½ Jahre) und Juliane (5 Jahre) nach der letzten Sendung gemalt. Sie waren tief betroffen und sind am Sonntagabend mit dem Gedanken an Katharina und ihre Familie ins Bett gegangen und heute morgen damit aufgestanden. Ich selbst konnte mir auch nur schwer die Tränen unterdrücken.

Ich will damit die Sendung keinesfalls kritisieren, denn von der Aufmachung und Darstellung her fand ich sie sehr gelungen – aber sie machte betroffen und zeigte doch, wie nahe wir Lebenden dem Tod sind (obwohl wir das so gerne vergessen bzw. verdrängen).

Die Bilder waren ein Versuch meinerseits, meine Kinder ihre Traurigkeit ausdrücken zu lassen, vielleicht könnt Ihr sie ja an Katharinas Eltern weiterleiten und ihnen sagen, wir freuen uns auf ein späteres Wiedersehen mit Katharina.

Familie K. aus Hardthausen

Sophie (6½)
und Juliane (5)

Liebe Maus,

Danke für die vielen hundert Fragen, die Du bisher mir und meinen Kindern beantwortet hast. Heute hast Du nur Fragen aufgeworfen, die ich als Mutter meinen drei (...) Kindern fast gleichzeitig beantworten sollte. Ich war zwar relativ gut vorbereitet – trotzdem war es schwierig. Eine Stunde saß ich nun gerade am Bett meiner Tochter Nathalie (fast 9). Sie weinte und hatte Angst, heute nacht zu sterben. Ich erzählte ihr von der Raupe, die sich nach dem Tod vom Raupenkleid in einen wunderschönen Schmetterling verwandelt und gen Himmel fliegt zu Gott, der alles richtig entscheidet. Der Tod als Tor zum ewigen Leben. Den Vergleich von Raupe/Schmetterling las ich in Kübler-Ross's Buch: Vom Tod und dem Leben danach.

Ich finde die Auseinandersetzung mit dem Thema Tod sehr wichtig. Auch wenn es keine Antwort auf die Frage des Sinns von Katharinas Tod gibt, solltet Ihr versuchen, den Maus-Fans positive Aspekte mit der Auseinandersetzung aufzuzeigen; z.B. daß Sterben normalerweise nicht weh tut; daß Trauer auch wieder vorbeigeht.

Ich wünsche mir einen Teil 2 der Katharina-Maus.

Gabi H. aus Neulußheim

Liebes Maus-Team!

Mein Name ist Tobias J., und ich habe gerade im Bayerischen Rundfunk Eure Katharina-Maus gesehen. Sie war so schön, daß man sehr gut nachfühlen kann, wie Katharina das Leben ihrer Eltern, das von Magdalena und ihrer ganzen Umwelt überhaupt bereichert hat.

Der Grund, warum ich schreibe, ist ein anderer: Ich habe eine Freundin, deren Schwester starb, als sie (Vera, meine Freundin) gerade ein Jahr jünger war als Magdalena aus der Maus. Das ist jetzt 21 Jahre her, daß Beate mit 6 Jahren, ebenfalls behindert, plötzlich und ohne Vorwarnung tot in ihrem Bett lag. Meine Freundin hat es nie verstanden und glaubt bis heute nicht daran, daß Beate wirklich und endgültig weg ist. Ihre Eltern haben fast nicht mit ihr darüber gesprochen; sie hat noch heute solche Schwierigkeiten mit dieser Sache, daß sie jedesmal schrecklich weint, wenn von Beate die Rede ist, und tröstet sich mit ihrer kindlichen Idee, mit einer Leiter könne man durch das »Loch im Himmel« zu Beate gelangen. Außerdem sucht sie noch immer nach einem Grund für Beates Tod. Sie fragt sich, warum es nicht sie selbst hätte treffen können. Daß es für solche grausamen Verluste keinen Grund gibt und es auch noch wahrscheinlich ist, daß Beates Behinderung schuld ist, hat sie noch nicht begriffen. Weil nun Katharinas (und Magdalenas) Geschichte der von Beate und meiner Freundin so frappierend gleicht (auch Beate, »die Glückliche« ist allen als Sonnenschein in

Erinnerung geblieben), möchte ich fragen, ob es eine Möglichkeit gibt, die Katharina-Maus auf Videokassette oder sonstwie zu bekommen. Ich verspreche mir davon, daß Vera diese Geschichte einmal sieht und vielleicht dadurch eines Tages begreift, was passiert ist. Ihr geht so behutsam und undramatisch mit dem Stoff um, daß ich glaube, daß es meiner Freundin wirklich helfen könnte. (...)

Tobias J. aus Köln

Agnes (10)

Liebes Maus-Team,

(...) Seit dem Tod meines Bruders (er wurde nur 24 Jahre alt) vor einem halben Jahr weiß ich erst, wie schlimm es ist, einen geliebten Menschen zu verlieren. Leider mußten wir feststellen, daß es für sehr viele Menschen ein Thema ist, über das man nicht spricht. Oft bekam ich zu hören, daß es nicht gut sei, mit meinen beiden Söhnen (Felix, 7, und Moritz, noch 4 Jahre alt) über die Krankheit und über den bevorstehenden Tod meines Bruders zu sprechen.

Als Felix in der Schule im Unterricht einmal ganz offen darüber sprach, daß mein Bruder wohl sterben muß, wurde das Thema ganz schnell beendet. Es wurde nicht darüber gesprochen, was Felix »komisch« fand. Meine beiden Kleinen konnten so schön unkompliziert mit der Krankheit und dem Tod umgehen. Es war einfach schön und hat uns allen sehr geholfen, damit fertig zu werden. Wir nehmen sie auch mit zum Friedhof. Für Moritz, den kleineren, ist mein Bruder nun ein Engel und ein Stern am Himmel. Eines morgens, es war noch dunkel, schaute er aus dem Fenster und rief: »Hallo Guido!« War dann aber ganz erschrocken und rief: »Mama, komm schnell! Alle Leute gucken bei uns zum Fenster rein!« Ich konnte mir das nicht vorstellen, warum sollten bei uns (auf dem Land) Leute zum Fenster reingucken. Und da meinte er doch tatsächlich, die vielen Sterne wären eben andere Leute. Süß, nicht?

Und ich fände es ganz toll, wenn öfters über so ähnliches berichtet wird. Felix leidet z.B. seit seiner Geburt unter Neurodermitis und seit kurzem auch an Asthma. Er ist vielen Hänseleien ausgesetzt (»Pickelmännchen«). (...)

Gespräche mit Kindergärtnerinnen (zur Kindergartenzeit), Lehrerinnen und Eltern von Mitschülern haben uns gezeigt, daß viele einfach zu wenig mit »kranken« Kindern zu tun haben und oftmals vor einem Problem stehen, wenn es in der Schule (oder Kindergarten) um Hänseleien geht, die Felix sehr weh tun. Oder er dem Unterricht nicht folgen kann, weil die warme Heizungsluft wieder mal einen Kratzanfall ausgelöst hat und er erst aufhört, wenn er überall blutig ist, was dann natürlich auch kein schöner Anblick ist.

In unserer Nähe gibt es auch eine Schule und eine Werkstatt für geistig Behinderte. Felix und Moritz fanden es natürlich anfangs auch komisch, wie manche aussehen, sprechen, gehen oder sich benehmen. Wir reden aber darüber, besuchen Veranstaltungen (z.B. Sommerfest) dieser Einrichtungen und zeigen nicht mehr mit dem Finger auf sie oder tuscheln hinter ihrem Rücken. Wir beobachten beim täglichen Schulweg, daß viele Behinderte mit dem Bus gebracht werden müssen, viele jedoch auch alleine zu Fuß kommen – und Felix findet das toll.

Ich bin der Meinung: Aufklärung tut not! Und das am besten schon im Kindesalter. Und

wer wäre da besser für geeignet als die Maus!

Schön, wenn Sie einmal darüber nachdenken würden.

Conny H., Velbert

Michael (10)

Lieber Armin, 16.3.97
liebe Maus!

Die Sendung mit der kranken Katharina fand ich toll. Daß sie es schaffte, sich zu bewegen, sprechen, spielen und lachen konnte, fand ich bewundernswert. Traurig war es allerdings, dass sie trotzdem zu früh gestorben ist.
Das alles geht mir nicht mehr aus meinem Kopf.
Ich selbst bin seit meiner Geburt schwerhörig und trage 2 Hörgeräte. Und ich finde es toll das du, Armin, diese Themen, mit behinderten Kindern in Deiner Sendung zeigst.
Mach weiter so!
Dein Größter Maus-Fan Michael 10 Jahre

Liebe Maus,
liebes Mausteam,

ich möchte Ihnen hiermit recht herzlich zu der sehr guten Sendung mit der Maus vom 16.03.97 über das Leben von Katharina gratulieren. Die ganze Sendung war sehr einfühlsam, konkret und direkt, ohne spektakulär zu sein. Wir fanden es auch sehr gut, daß zum Schluß der Sendung das Bild der toten Katharina eingeblendet wurde.

Ich schreibe Ihnen dies vor dem Hintergrund, daß wir selbst drei Kinder haben. Unsere jüngste Tochter Veronika, die demnächst 4 Jahre wird, ist ebenfalls schwerbehindert seit ihrer Geburt. Sie kann nicht laufen, sprechen und kann auch keine feste Nahrung zu sich nehmen. Veronika hat sich selbst in diesem Film wiedererkannt. Sie hat ebenfalls einen Rollstuhl und geht seit einem halben Jahr in einen Regelkindergarten. Auch bei ihr war die Prognose bei ihrer Geburt Schwerstpflegefall, und heute bewegt sie sich rutschend vorwärts. Auch Veronika ist ein begeisterter Mausfan. Sie hat immer wieder gelacht, als sie den Film sah, und immer wieder auf sich gedeutet. Ich möchte die Geschichte von Veronika gar nicht weiter vertiefen, sondern will Ihnen noch einmal recht herzlich für diese Sendung danken.

Dieter W., Römerberg

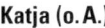
Katja (o. A.)

Liebe Maus-Redaktion!

»Hut ab« für Euren Mut, so direkt und ehrlich über Katharinas Schicksal zu berichten. Zum einen war es für meine fünfjährige Tochter Carolin ein Anlaß, sich mit dem Thema Behinderung auseinanderzusetzen. Unser kleiner Sohn Volker ist $2\frac{1}{2}$ und durch Hydrocephalus ebenfalls behindert. Dann zweitens das Thema Sterben. Das wird uns noch viele Wochen beschäftigen. Und drittens: Wer, wie ich, Katharina kennenlernen durfte (Oktober 1994 in der Kinderklinik, bedingt durch Volker), der ist und bleibt nachhaltig beeindruckt über dieses starke Mädchen und ihre tollen Eltern, Katharinas Mutter hat uns damals so viel Mut gemacht.

Auf jeden Fall wird der Film auf Video bleiben. Und die Erinnerung an Katharina bleibt im Gedächtnis. Schade, daß sie Ihre Sendung nicht mehr sehen konnte. Sie hätte sich bestimmt gefreut.

Katharinas Eltern und der kleinen Schwester wünsche ich, daß sie so viel Mut haben, wie sie uns damals gemacht haben.

Hoffentlich gibt es noch viele Maus-Sendungen – lustige, ernste, informative und solche, die Spuren hinterlassen.

Rita P. aus D.

Liebe Mausredaktion!

Wir sind mit unseren Kindern begeisterte Mausfans. Wir haben drei Kinder: Bella 7 Jahre, Moritz 4 Jahre und Pia 2 Jahre. Unser drittes

Kind Pia ist von Geburt an geistig und körperlich behindert. Deshalb wissen wir um die Schwierigkeit mit behinderten Kindern. (...)

Wir möchten Euch auf diesem Weg als Familie mit einem behinderten Kind danken für die offene Darstellung der Situation von Katharina. Insbesondere den Eltern von Katharina ist dabei hohes Lob zu zollen, da die Aufarbeitung von Katharinas Tod bestimmt keine leichte Aufgabe war, an der die Eltern noch einige Zeit zu arbeiten haben.

Auch unsere beiden gesunden Kinder haben die Sendung mit Aufmerksamkeit verfolgt. (...)

Anneliese und Volker E. aus Dieburg

Liebes Maus-Team!

Herzlichen Dank für den Film über Katharina vom 16.03.! Er war einsame Spitze! Bewußt habe ich mir den Film mit unseren 3 Söhnen angeschaut. Da unser Ältester (16 J.) behindert ist, sind unsere Kinder mit anderen behinderten Kindern aufgewachsen. Sie gehören einfach zu ihrem Leben dazu. Sie haben auch schon den Tod von Kindern miterlebt. Trotzdem war es für die ganze Familie eindrucksvoll, den Bericht über Katharina zu sehen.

Mich hat der Film sehr bewegt, vor allem mit welcher Freude die Eltern über ihre Tochter berichten konnten. Ich fand es aber auch gut, wie Sie berichtet haben und daß Sie überhaupt ein solches Thema aufgegriffen haben. Es ist ja nicht gerade ein »Alltagsthema« für Kinder.

Besonders gut war, daß die Lebensfreude und der Lebenswille von Katharina so eindrucksvoll übermittelt wurde und Sie nicht auf die »Tränendrüse« gedrückt haben. Ich kann mir vorstellen, daß Sie nach den Dreharbeiten Katharina gerne persönlich kennengelernt hätten.

Für mich war dieser Film aber auch wichtig, weil er in einer Zeit gezeigt wurde, in der wir Eltern für das Lebensrecht unserer Kinder einstehen müssen. Fragen wie »Mußten Sie dieses Kind zur Welt bringen?« oder »Wußten Sie vor der Geburt nichts von der Behinderung?« stellen nicht nur Ärzte, sondern auch fremde Menschen unverblümt. Uns wird nicht geglaubt, wenn wir versichern, daß wir in unserem Sohn erst die Persönlichkeit und nicht die Behinderung beachten und daß wir viel Spaß zusammen haben – vielleicht wegen der Behinderung. Außenstehende sehen wohl eher den Streß, den eine Behinderung eben mit sich bringt. Wir leiden nicht an der Behinderung unseres Sohnes, sondern an dem, was viele Menschen daraus machen. Deshalb war Ihr Film ein guter Beitrag zum normalen Miteinander von behinderten und nichtbehinderten Menschen. Es wäre gut, wenn es den Film auf Video zu kaufen gäbe, denn er eignet sich gut für die Arbeit mit Elterngruppen, in der Schule ...

Nochmals meinen Dank für Ihren positiven, von Lebensfreude geprägten Film.

Regine A. aus Rheine

Hallo, Herr Maiwald,
hallo Maus-Redaktion!

(...) Wir sind eine glückliche Familie, die auch mit einem Kind mit einer Behinderung leben darf. Zu unserer Familie gehören: Jonas (7$\frac{1}{2}$ Jahre), Laura (5$\frac{1}{2}$ Jahre), Sofie (1 Jahre) sowie Heinz (39 Jahre) und Ute (32 Jahre). Jonas hat das Down-Syndrom, also eine geistige Behinderung. Er ging auch ganz normal in einen Integrativ-Kindergarten, und er geht jetzt (nach langem Kampf) auch ganz normal-integrativ in die erste Klasse unserer Grundschule vor Ort. Es ist schön, daß Jonas da ist, und er ist eine Bereicherung in unserem Leben, wenn es auch nicht immer einfach ist.

Aber so gute Sendungen wie jetzt über Katharina helfen uns Familien, die Akzeptanz und Integration unserer Kinder weiter zu ermöglichen.

Ein herzliches Dankeschön auch an Katharinas Eltern, die durch ihre offenen Erzählungen und ihre Kraft diese Sendung erst ermöglicht haben.

Familie R. aus Georgsmarienhütte

Liebes »Maus«-Team,
lieber Armin Maiwald,

Vor über 11 Jahren ist mein erstes Kind – Malte – im Alter von 17 Monaten gestorben. Er hatte das sogenannte Down-Syndrom, auch Mongolismus genannt. Ich war sehr angerührt von Katharinas Geschichte, von ihrer Kraft,

ihrer Energie, ihrem Spaß am Leben. So hat sie ihren Eltern und allen, die sie kennenlernen durften, viel gegeben.

Ich danke Euch auch dafür, daß wir ein kleines Stückchen daran teilhaben durften und daß ich und meine Familie, besonders meine Töchter Lea (10 J.) und Alina (5 J.), die ihren Bruder nicht mehr kennenlernen konnten, uns an Malte erinnert haben; daß mein Mann Rainer und ich bei aller Trauer, die wir nach wie vor empfinden, wieder an die Freude erinnert wurden, die uns unser Sohn in seinem kleinen, kurzen Leben geschenkt hat.

Ich möchte auch den Eltern von Katharina danken und allen, die im Film von ihr erzählt haben. Es wurde sehr deutlich, daß auch das Leben eines sogenannten »behinderten« Menschen sehr wohl große Bedeutung haben kann. Letztendlich glaube ich sowieso, daß jedes Leben nur den Sinn hat, den wir ihm geben. (...)

Ute T. aus Altenberg

Liebe Mausredaktion.

Ich heiße Manuela D., bin 27 Jahre alt, verheiratet und habe 2 Töchter. Jessica 4 Jahre und Catrin 10 Monate alt.

(...) Ich finde die Integration behinderter Kinder in öffentlichen Kindergärten und Schulen sehr wichtig, und es macht mich traurig, daß solche Projekte aus finanziellen Gründen scheitern. Mein Mann teilt diese Meinung ebenfalls mit mir. Unsere Kinder sollten lernen,

Eva und
Susanne (o. A.)

einen behinderten Menschen zu respektieren und zu achten. Sie sollen wissen, daß viele Behinderte ein durchaus lebenswertes Leben führen. Jessica hat sich viele Gedanken über Katharinas Leben und Tod gemacht. Sie war traurig nach dieser Sendung. Als wir ihr klar machten, daß Katharina trotz allem ein schönes Leben hatte, beruhigte Jessica sich wieder.

Wir wünschen Katharinas Eltern und ihrer Schwester alles Gute. Katharina wird uns noch lange in Erinnerung bleiben.

Manuela D. aus Eschweiler

Sehr geehrte Damen und Herren,

wir schreiben Ihnen diesen Brief als MitarbeiterIn der Aktion Sorgenkind in Bonn und gleichzeitig in unserer Eigenschaft als Mutter respektive Vater.

Obwohl wir durch die Arbeit bei der Aktion Sorgenkind und durch anderweitige berufliche Erfahrungen in vielfältiger Weise mit der Lebenssituation von Menschen mit Behinderungen in Kontakt gekommen sind, hat uns Ihr Beitrag über das Mädchen Katharina am Sonntag zutiefst berührt. In selten gelungener Art und Weise haben Sie uns Einblicke in das Leben eines kleinen Mädchens vermittelt, die von ihrer Intensität her einzigartig waren.

Noch nie herrschte beim Angucken der »Sendung mit der Maus« zu Hause auf dem Sofa so eine gebannte Stille wie an diesem Sonntag.

Dies zeigt uns, daß unsere Kinder (zwischen 4 und 7) völlig gefangen waren von der Lebenskraft und dem Lebensmut des kleinen Mädchens – und gleichzeitig erschüttert waren über den plötzlichen Tod.

Wir hatten beide zunächst überlegt, ob wir unsere Kinder in diesem Lebensalter mit diesem Beitrag konfrontieren sollen, zumal für uns im Vorfeld nicht einschätzbar war, in welcher Weise dieser Beitrag die Situation einer schwerwiegenden Behinderung vermittelt. Im nachhinein sind wir froh, uns auf dieses Experiment eingelassen zu haben, denn unsere Kinder haben in einer sehr kindgerechten Form Einblicke in ein Leben mit einer schweren Behinderung bekommen, die einen positiven Zugang ermöglichen – ohne zur Verniedlichung zu tendieren.

Es ist nur schade, daß anhand des Films die Auseinandersetzung mit dem Thema Behinderung stark dadurch geprägt wird, daß dieses Kind so früh stirbt. Unsere Kinder hatten anschließend den Eindruck, daß Kinder mit Behinderung eben früh sterben müssen. Wir konnten dann noch nach der Sendung zu Hause diesen Eindruck durch Erläuterungen über den Schweregrad von Behinderungen und die unterschiedlichen Folgen, die möglich sind, richtigstellen.

Es hätte eine positivere Sichtweise vom Leben mit Behinderungen vermittelt, wenn der Schluß möglich gewesen wäre, daß Menschen mit Behinderungen genau so lange leben können wie andere Menschen auch. Dabei können wir natürlich den besonderen Stellenwert dieses Beitrags und die Motivation, ihn zu zeigen, nachvollziehen. Es grenzt ja wirklich an ein Wunder, daß dieses Kind sich so entwickeln konnte. Dieser Hinweis soll auch nicht den überaus positiven Eindruck schmälern, den der Beitrag bei uns allen hinterlassen hat. (...)

Innerhalb der Aktion Sorgenkind arbeiten wir intensiv an der Förderung von integrativen Maßnahmen jeglicher Art, um Menschen mit Behinderungen und die Auseinandersetzung mit dieser Lebenssituation wieder in den Mittelpunkt der Gesellschaft zu holen. (...)

Wir sehen in Ihrem Bericht einen sehr wirkungsvollen Beitrag zu den Bemühungen, die Akzeptanz von Menschen mit Behinderungen aktiv zu erhöhen - und dies in einer Zeit, die geprägt ist von einer Verschärfung des sozialen Klimas.

Mit herzlichem Dank grüßen als »Maus-Fans«

Heike Z. und Friedhelm P.
Aktion Sorgenkind, Bonn

DIE *MAUS* ANTWORTET

Jede Woche gehen im *Maus*-Postbüro etwa dreihundert Briefe ein. Viele der Fragen, die darin gestellt werden, beantwortet die *Maus* in ihrer Sendung. Manchmal schreibt sie auch zurück. Die ersten Briefe der *Maus*-Zuschauer zur »Geschichte von Katharina« wurden individuell beantwortet. Aber als der Postberg immer größer wurde, schafften die Helfer vom *Maus*-Postbüro es einfach nicht, jedem einzeln zurückzuschreiben. Damit trotzdem alle eine Antwort bekommen konnten, haben Armin Maiwald und Dieter Saldecki drei Briefe entworfen, die, handschriftlich unterzeichnet, verschickt wurden. Martina Grimm aus dem *Maus*-Postbüro erzählt von den Zuschauerreaktionen und was sie bei ihr bewirkt haben...

Liebe Freunde der Maus,

nein, wir können es beim besten Willen nicht schaffen, all' diese wundervollen Reaktionen auf unsere Sendung zum 26. Geburtstag der Maus mit der Geschichte von Katharina persönlich zu beantworten, obwohl wir es liebend gerne wollten.

Das Echo – und wir sind da sehr vorsichtig, wie Sie als erfahrene Mauszuschauer wissen – war im wahrsten Sinne des Wortes überwältigend! Mit so viel Mitgefühl, Zustimmung und liebevoller Akzeptanz haben wir auch in unseren kühnsten Vorstellungen nicht gerechnet. Vor allem die Briefe der Eltern mit behinderten Kindern, die ähnliche Lebenssituationen mit so unendlich viel menschlicher Zuwendung meistern, haben uns tief beeindruckt.

Sagen wir es noch einfacher: Armin und ich haben viele Briefe mit Tränen in den Augen gelesen. Sie danken uns für diesen Film – lassen Sie uns der wirklichen Wahrheit die Ehre geben: Wir haben Ihnen, unseren kleinen und großen Zuschauern, für Ihre langjährige Treue und Zuwendung zu danken, vor allem aber für den Mut, den Sie uns immer wieder machen, neben den vielen Lach- und Sachgeschichten auch Geschichten über Menschen zu erzählen. Da geht es dann, wie Sie wissen, um – kleine, große, behinderte, nicht behinderte, glückliche, unglückliche – Kinder mit ganz besonderen Fähigkeiten und Erfahrungen und auch – wie in der Geschichte von Katharina – um die Berichterstattung über ein großes Leben und den Tod.

Unseren Dank und tiefen Respekt, vor allem auch für die kleinen und großen Lebensberichte, die Sie uns geschrieben haben und die uns darin bestärken, weiter Filme wie die Geschichte von Katharina für die Maus zu entwickeln und dort auszustrahlen.

In diesem Sinne viele Grüße aus dem Haus der Maus

Dieter Saldecki und Armin Maiwald

P.S. Möglicherweise fassen wir die Briefe in einer kleinen Dokumentation zusammen,
um sie einer größeren Öffentlichkeit zugänglich zu machen. Wir gehen davon aus, daß es keine
Einwände Ihrerseits dazu gibt. Sollten Sie jedoch Einwände haben, melden Sie sich bitte
innerhalb der nächsten 6 Wochen noch einmal bei uns.

Alle Briefe werden von uns an Katharinas Eltern weitergegeben. Das haben sie
sich gewünscht. Möglicherweise werden sie in einzelnen Fällen noch
persönlich schreiben.

Liebe Freunde der Maus,

vielen Dank für Ihren Brief zu unserer »Sendung mit der Maus« über die Geschichte von Katharina. Natürlich kann ein besonderer Film wie das Lebensbild von Katharina und vor allem die Tatsache, daß sie im Alter von 7 Jahren gestorben ist, für den einen oder anderen kleinen oder großen Zuschauer zum Problem werden. Bei mehr als 2 Millionen Zuschauern, die normalerweise am Sonntagvormittag die Sendung mit der Maus sehen, war uns auch im Vorfeld klar, daß es Kinder geben könnte, die möglicherweise mit diesem Film nicht alleine klarkommen können bzw. längere Zeit brauchen werden, um diese besondere Geschichte zu verarbeiten. Diese Ängste haben wir auch sehr ernst genommen und deswegen in einer Pressekonferenz darauf hingewiesen, daß Eltern diese besondere Maus am besten mit ihren Kindern zusammen sehen sollten. Fast alle großen deutschen Tageszeitungen haben dies auch gedruckt. Darüber hinaus gab es einen deutlichen Hinweis nach der Maussendung am Sonntag, den 09.03.97. Mehr Vorinformationen waren uns beim besten Willen leider nicht möglich.

Die telefonischen und brieflichen Reaktionen auf die Geschichte von Katharina waren zu 99% bei Erwachsenen und Kindern positiv. Die meisten Zuschauer waren tief beeindruckt. Vor allem Familien mit behinderten Kindern haben diesen Film als ungeheuer wichtig und mutmachend für sich und ihr Umfeld erlebt. Viele soziale, kirchliche und Selbsthilfegruppen haben uns gedankt und haben eine VHS-Kassette der Sendung auch für die Arbeit mit Kindern bzw. Familien angefordert.

Das wird Sie in Ihrem konkreten Ärger nicht trösten. Vielleicht macht es Ihnen aber deutlich, daß wir die Entscheidung, die Geschichte von Katharina zum 26. Geburtstag der Maus in der vorliegenden Form auszustrahlen, nach langem Nachdenken und in einer hohen Verantwortung gegenüber unseren kleinen Zuschauern getroffen haben. Dafür bitten wir Sie bzw. Ihre Kinder noch einmal um Verständnis.

In diesem Sinne herzliche Grüße aus dem Haus der Maus

Dieter Saldecki und Armin Maiwald

P.S. Übrigens haben uns auch einige Kinder zu diesem Film Fragen gestellt.
Unsere Antwort dazu legen wir Ihnen bei. Vielleicht helfen Ihnen diese Anmerkungen beim
Gespräch mit Ihren Kindern ein wenig.

Liebe Freunde der Maus,

vielen Dank für die vielen Briefe zu unserer Maus-Sendung über Katharina.

Katharina hat - das ist sicher für alle deutlich geworden - ein für sie und uns ungeheuer wertvolles Leben gelebt. Vor allem hat sie gezeigt, was man auch unter schwierigsten Bedingungen schaffen kann, wenn man sich ganz dafür einsetzt.

Zu Euren Fragen:
Sophia und viele andere Kinder wollten wissen, warum Katharina nun gerade in der Nacht vor dem Maus-geburtstag gestorben ist. Die Antwort weiß keiner ganz genau. Nach Auskunft der Ärzte, die auch im Film zu sehen waren, hätte Katharina durchaus noch viele Jahre älter werden können. Möglicherweise aber war Katharinas Lebenskraft, mit der sie all' die kleinen und großen Wunder in ihrem Dasein geschafft hat, an diesem Tag zu Ende.

Das gilt übrigens nicht nur für Katharina - das ist bei allen Menschen so und sicher ein wichtiger Grund dafür, daß manche von uns 60, 70 oder 100 Jahre alt werden und andere sehr viel jünger sterben.

Alle, die wie Christine geschrieben haben, daß sie nun Angst haben, schlafen zu gehen, weil sie dann morgens nicht mehr aufwachen könnten, möchten wir daran erinnern, daß Katharina bei allen tollen Entwicklungen ein schwer krankes Kind geblieben ist. Mit ihrem Tod haben die Eltern und auch alle begleitenden Ärzte immer wieder rechnen müssen. Das gilt natürlich nicht für alle gesunden Kinder, auch dann nicht, wenn Ihr gerade die Grippe, Windpocken, die Masern oder eine andere Kinderkrankheit habt. Dagegen gibt es Medizin und man muß sich auch nicht fürchten, am nächsten Tag nicht mehr aufzuwachen.

Heiner - aber nicht nur er - hat uns z.B. geschrieben, daß er jetzt viel aufmerksamer lebt und viele Dinge nicht mehr so selbstverständlich ansieht, und Carolin hat plötzlich ein großes Interesse daran, doch noch in die Schule zu gehen, in der behinderte und nichtbehinderte Kinder gemeinsam unterrichtet werden, obwohl sie dies vorher gar nicht gerne wollte. Darüber freuen wir uns ganz besonders, und wir verraten Euch sicher kein Geheimnis: Seitdem wir die Geschichte von Katharina für die Maus erzählt haben, sehen auch wir viele Dinge in unserem Leben anders. Katharinas Leben ist auch für uns eine deutliche Aufforderung, ganz genau zu fragen, was wirklich wichtig und was unwichtig ist. Viele von Euch haben diesen Film offensichtlich auch so verstanden, und das verdanken wir Katharina.

Zum Schluß aber ein besonderes Dankeschön von allen, die diesen Film gemacht haben. Eure Briefe und Euer Verständnis für die Lebenssituation von Katharina haben uns sehr viel Mut gemacht, auch in Zukunft in der Maus solche Geschichten zu erzählen.

In diesem Sinne für Eure Zukunft alles Gute!

Liebe Grüße aus dem Haus der Maus

Dieter Saldecki und Armin Maiwald

P.S. Eure Post und Eure Bilder, für die wir uns ganz besonders bedanken, werden von uns an Katharinas Eltern weitergegeben. Das haben sie sich gewünscht. Möglicherweise werden sie sich in einzelnen Fällen noch persönlich melden.

Frau Grimm, wie sieht Ihr Alltag im Maus-Postbüro aus?

M. Grimm: Mit Hilfe von vielen anderen *Maus*-Mitarbeitern beantworte ich die Zuschriften zur *Sendung mit der Maus* und auch die entsprechenden Anrufe. Da wir unbedingt auf alle Briefe reagieren möchten, geschieht dies wegen der Riesenpostflut überwiegend – nicht nur! – mit Formbriefen.

Die Resonanz auf die Formbriefe ist jedoch erstaunlich positiv, da wir die vorgedruckten Briefe fast immer durch einige persönliche Sätze von Hand sowie Poster und Aufkleber ›bereichern‹. Wenn keine Sonderaktionen laufen, kommen ca. 60 Briefe und ungefähr 30 Anrufe am Tag an.

War die Resonanz auf die Katharina-Maus ›normal‹ im Hinblick auf die Menge der Zuschauerpost?

M. Grimm: Nein, zu diesem Film kam wesentlich mehr Zuschauerpost als zu ›normalen‹ Sendungen.

Gab es auch bei anderen Maus-Sendungen schon einmal so stark emotional gefärbte Post bzw. Schilderungen des Erlebens?

M. Grimm: Nein, die Resonanz auf *Katharina* war bisher einzigartig, wobei ich allerdings nur von den letzten zwei Jahren sprechen kann, da ich erst seit dieser Zeit bei der *Maus* arbeite.

Kommt es regelmäßig vor, daß Zuschauer telefonisch auf Maus-Beiträge reagieren?

M. Grimm: Ja, vor allen Dingen montags, jedoch längst nicht in so ausgeprägter Form wie bei *Katharina*. Es kamen auch lange Zeit nach der Sendung noch telefonische Reaktionen. 70 bis 80 Prozent dieser Anrufe waren positiv. Das Bedürfnis, der Redaktion zu einem solchen Beitrag ›zu gratulie-

ren‹, war sehr stark ausgeprägt. Auffallend viele Anrufer waren Eltern behinderter Kinder und andere Personen, die mit Behinderten leben oder Kontakt zu Behinderten haben. Man merkte diesen Menschen am Telefon an, wie isoliert sie mit ihren Problemen sind, wie sehr sie sich ›zur Zurückhaltung verurteilt fühlen‹. Viele haben geäußert, daß die *Geschichte von Katharina* genau ihre eigenen Empfindungen widerspiegelte.

Was sagten Anrufer, wenn sie Kritik äußerten?

M. Grimm: Kritische Anrufer äußerten hauptsächlich Unmut, weil ihrer Meinung nach im voraus nicht deutlich genug darauf hingewiesen wurde, »was einen bei *Katharina* erwartet«. Sie fühlten sich überrumpelt, erzählten, daß Kinder verstört reagierten, weinten, nicht mehr einschlafen wollten. Mein persönlicher Eindruck war auch, daß die Eltern den Reaktionen ihrer Kinder hilflos gegenüberstanden, nicht

wußten, was sie ihren Kindern sagen sollten, sich nicht in der Lage fühlten, die starken Emotionen, die bei den Kindern ausgelöst wurden, helfend zu begleiten. Auch die Tatsache, daß der Beitrag so ganz anders war, als man es von der *Maus* gewohnt ist, wurde von vielen negativ aufgenommen. Mehrmals war zu hören: »Die *Maus* war immer die einzige Sendung, bei der man ein Kind auch mal allein vor den Fernseher setzen konnte ...«

Wie war Ihre persönliche Meinung zur Katharina-Maus?

M. Grimm: Als ich hörte, was für ein Beitrag mit *Katharina* da ins Programm kommen sollte, war ich sehr skeptisch. Meine Bedenken waren ähnlich wie die der kritischen Anrufer. Meine Kinder waren damals 8 und 10 Jahre, und ich hatte ihnen vor der Sendung von *Katharina* erzählt, allerdings ohne den Beitrag zu kennen. Ihre Reaktion war: »Ne, Mama, sooo eine *Maus* wollen wir nicht sehen. Bei der *Maus* wol-

len wir was sehen, das interessant und lustig ist...«
Ich bin davon ausgegangen, daß sehr viele Kinder so denken und entsprechend reagieren würden. Auch konnte ich mir vorstellen, wie viele Eltern möglicherweise nicht in der Lage sein würden, ihr Kind bei ›so einer Sendung‹ entsprechend zu begleiten.

Wie denken Sie jetzt darüber?

M. Grimm: Ich habe meine Meinung bereits geändert, nachdem ich die Sendung gesehen habe. Daß es möglich sein würde, ein so ›schwer verdauliches Thema‹ so kindgerecht aufzubereiten, hatte ich mir nicht vorstellen können. Endgültig überzeugt haben mich dann aber letztendlich die vielen positiven Zuschauerreaktionen - vor allem die der Kinder.

Martina Grimm
aus dem Maus-*Postbüro*

GESPRÄCH MIT KATHARINAS ELTERN…

…über die Sendung, die Dreharbeiten, die Zuschauerpost und natürlich über Katharina

Tagebuch von Katharinas Mutter:

Katharina Juliane
geboren am 01.01.1989
um 23.56 Uhr

in den frühen Morgenstunden des 02.01.89
wegen akuter Atemnot verlegt auf die Kinderintensivstation
der Uni–Klinik
klägliches Schreien, kaum Bewegungen, kein Strampeln,
kein Köpfchendrehen
Vollbeatmung, Magensonde, rechter Arm bei der Geburt
gebrochen
Muskelbiopsie am 10.01.89,
Diagnose: Zentronukleäre Myopathie

19.1.89 wird Katharina extubiert
20.1.89 Nottaufe auf der Intensivstation mit Pastor Höfermann
21.1.89 Verlegung auf die KC 16

Als Reaktion auf die Geschichte von Katharina in der »Sendung mit der Maus« stapelten sich im Mauspostbüro schon bald eine Menge Briefe. Insgesamt waren es rund vierhundert Zuschriften. Es galt die Vereinbarung, daß alle Briefe an Sie weitergeleitet werden. Wie war es für Sie, die Post zu lesen? Hatten Sie mit so viel Resonanz gerechnet?

Christiane: Nein, mit so viel nicht. Wir hatten zum Glück die Chance, päckchenweise lesen zu können. Obwohl der erste Packen, …

Peter, genannt Niko: … das war viel, um zweihundert Briefe etwa.

Christiane: Da haben wir bis nachts hier gesessen. Ich konnte nicht aufhören. Ich mußte bis zum letzten Brief lesen. Das war schon spannend.

Gab es etwas, womit Sie nicht gerechnet hatten?

Christiane: Ja, gleich zu Anfang waren fünf, sechs negative Briefe dabei, die uns arg betroffen gemacht haben. Wir wären niemals auf die Idee gekommen, daß manche Zuschauer den Film so gegen seine Absicht verstehen könnten. Ich habe eine Weile gebraucht, bis ich sie wegpacken konnte. In einem Brief

entsetzte sich eine Zuschauerin über das Bild von Katharina, wo sie tot in ihrem Kinderbett liegt. Sie beschreibt Katharinas Gesicht als »gelblich verfärbt« mit »offenen Augen und Mund«. Da habe ich mich gefragt, welchen Film sie denn eigentlich gesehen hat. Katharinas Gesicht ist auf dem Foto weder gelblich verfärbt noch sind ihre Augen aufgerissen. Diesen Brief habe ich bestimmt fünf-, sechsmal durchgelesen. Ich dachte schließlich, daß es die eigene

Von der Intensiv-auf die Kinderstation verlegt: »Ich will leben!«

Katharina kann allein atmen, jedoch setzt sich immer wieder die Lunge zu – schmerzliches Absaugen über den Rachenraum – im Wasserbad stellen wir fest, daß sich Katharina ein ganz klein wenig bewegt – Wunschdenken?

18.2.89 eine »lavage« (Lungenwäsche) muß gemacht werden

20.2.89 Luftröhrenschnitt – jeden Tag Krankengymnastik – Versuch, soviel wie möglich allein zu machen

22.3.89 zum erstenmal allein Kanüle und Sonde gewechselt
Katharina lacht viel, ist sehr neugierig mit ihren großen Augen

31.3.89 Versuch, Katharina das Trinken beizubringen; Niko am Absauger, ich mit dem Fläschchen – 20 ml Tee, aber viel abgesaugt, da einiges in die falsche Röhre läuft
jeden Tag wird jetzt das Trinken trainiert, sie schafft nach nur einer Woche schon 60 ml

11.4.89 bei Katharina hat sich »Wildfleisch« am Tracheostoma gebildet – sie muß noch mal zur HNO-OP
wir wollen und werden Katharina nach Hause holen
wir werden einem Kinder-Intensivpflegekurs unterzogen, Kanülen-, Sondenwechsel und Absaugen
müssen wie von selbst gehen – bei der Krankenkasse müssen Geräte beantragt werden

5.5.89 Impfung gegen Keuchhusten – Katharina darf über Pfingsten das erste Mal nach Hause – wir sind alle drei glücklich

29.5.89 ab heute ist Katharina ganz zu Hause

31.5.89 Katharina wird Dr. Fuchs vorgestellt – für 2 Stunden am Tag hilft uns eine Kinderkrankenschwester über die erste Eingewöhnungsphase

1.7.89 Katharina ist ein halbes Jahr alt. Zu Hause ist es viel ruhiger, und wir probieren jetzt die Wochenenden ohne Sonde auszukommen. Sorgfältig wird Katharinas Trinkmenge aufgeschrieben.
Untersuchungen in der Uni-Klinik – Orthopädie, Sonographie; Dr. Voit als Muskelspezialist
alle zwei Wochen zu Dr. Fuchs

9.8.89 Katharina bekommt das erstemal zu Hause Krankengymnastik

14.8.89 K. hält linken Unterarm hoch

23.8.89 Versuch, Sprechkanüle einzusetzen, war leider zu lang

29.8.89 K. futtert zum erstenmal ganzen Teller Brei

31.8.89 Sprechkanüle eingesetzt. K. nur am Heulen, nach 20 min. alte Kanüle wieder reingemacht

1.9.89 2 Monate ohne Sonde

5.9.89 um Enten im Schloßpark zu beobachten, kann K. ein

Angst ist, die auf einmal wie ein riesengroßer Berg vor einem steht, und sie wußten nicht damit umzugehen. Auch bei Fragen, die Kinder dann vielleicht auf einmal stellen, wird man natürlich schlapp auf dem kalten Fuß erwischt, wenn man sich damit nicht befassen will.

Niko: Positiv überrascht haben uns die vielen älteren Leute, die geschrieben haben. Sechzig-, siebzigjährige Zuschauer, die nicht nur mit ihren Enkeln zusammen gucken, sondern sich sonntagmorgens auch alleine vor den Fernseher setzen, um die *Maus* zu sehen.

Christiane: Bei den Briefen der Kinder ging es uns manchmal rauf und runter. Da schrieb ein kleiner Junge, wir bräuchten nicht traurig sein: Sein Opa Karl würde im Himmel auf Katharina aufpassen. Den fand ich so schön!

Eine Mutter schickte eine Zeichnung ihrer kleinen Tochter mit den Worten »Ich soll das ›der Mama von dem Mädchen‹ schicken, ›damit sie nicht mehr so traurig ist‹.« Das Bild zeigt Katharina im Himmel mit Engel und dem Lieben Gott. Auch die Fragen der Kinder waren oft klasse: »Ist Katharina im Garten oder auf dem Friedhof beerdigt?« – Ein Mädchen schrieb, daß sie einen Hörsturz gehabt hat und jetzt durch den Film wieder Mut bekommen hat, weiterzumachen.

Was uns auch beeindruckt hat, daß viele Eltern mit behinderten Kindern geschrieben haben, ihnen sei aus der Seele gesprochen worden. Eine Familie, deren Tochter die gleiche Muskelkrankheit hatte und mit drei Jahren gestorben war, schrieb sogar, daß sie das Video der Sendung über Katharina als Erinnerung an ihr eigenes Kind sehen. Ihre Tochter habe den gleichen Elektrorolli wie Katharina gehabt und auch äußerlich hätte eine Ähnlichkeit zwischen den beiden bestanden.

Ich hatte beim Lesen der Zuschauerpost einen Punkt, an dem ich merkte, daß ich jetzt nicht weiterlesen kann. Ich mußte eine Pause machen, um wieder aufnahmefähig zu sein. Die meisten Briefe regten zum Nachdenken an. Und viele waren so anrührend, daß mir die Tränen kamen.

Christiane: Ja, das ist mir auch bei vielen Briefen noch einmal so gegangen. So sind z.B. Briefe, die »An die Eltern« gerichtet waren, vom *Maus*-Postbüro ungeöffnet an uns weitergeleitet worden. Dabei waren einige sehr mitfühlend. Man merkte, daß Leute, die zwar nicht

selber die Erfahrung gemacht haben, sich jedoch aufgrund dieses Films Gedanken darüber gemacht haben, was wir jetzt fühlen. Da waren sehr schöne Briefe dabei.

Ich fand es auch sehr interessant, wie viele Kirchen, egal welcher Couleur, sich gemeldet haben. Vor allen Dingen Pastorinnen, die diese Sendung im Religionsunterricht oder in der Gemeindearbeit usw. verwenden wollten.

Be-Greifen

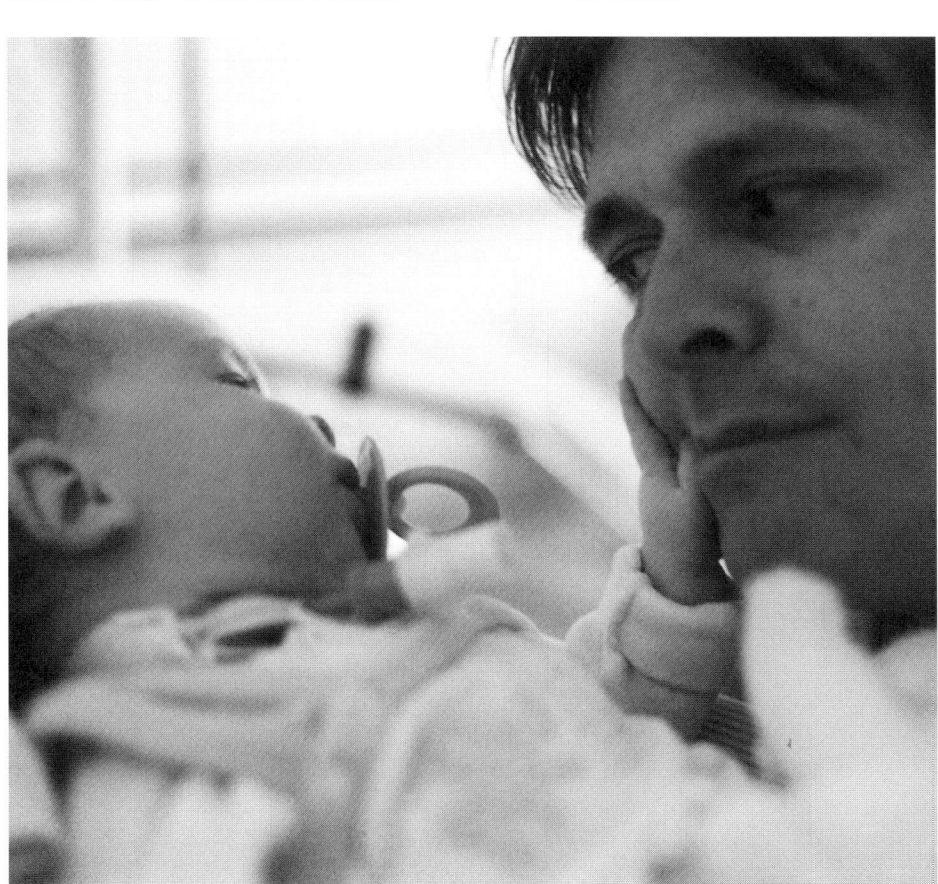

bißchen ihren Kopf halten

17.9.89 Katharina ißt das erste »Gläschen«

19.10.89 Untersuchung bei Dr. Voit – Muskelsono. Sprechkanüle versucht, hat aber nicht geklappt. Kanüle soll erst mit zwei Jahren raus. Katharina hat nur gelacht und viel vorgemacht, was sie alles kann – psychisch weit voraus – Verdienst der Eltern!

20.10.89 Katharina Fieber – viel absaugen

22.10.89 Röntgen in der Uni

26.10.89 Dr. Voit in der Uni getroffen – ist es überhaupt zentronukleäre Myopathie?

9.11.89 mit Nackenrolle im Kinderwagen zum Martinszug

10.11.89 K. kann linkes Bein hochhalten und wieder hinstellen

14.12.89 3. Versuch Sprechkanüle – klappte schon ganz gut. Nachts kriegt K. Fieber – irgendwie scheint sie diese starren Silberkanülen nicht zu vertragen
Weihnachten in H.

31.12.89 K. verschläft ihr erstes Silvester

1.1.90 Katharina hat Geburtstag und ist super gelaunt

8.1.90 Mit Mutti und Katharina spazieren, viel Klavier gespielt. Brokkolipfannkuchen! Der sechste Zahn ist da!

9.1.90 K. schläft sehr schlecht und wir somit auch – alle 10 min. absaugen

10.1.90 Brütet K. was Neues aus? Besser geschlafen.
K. will jetzt selber essen.

20.1.90 Absaugpumpe aus dem Kinderwagen geklaut – kein Spazierengehen mehr!

23.1.90 Ersatzpumpe muß bestellt werden. K. auf dem Balkon – trinkt Milch aus der Tasse.

24.1.90 Katharina sitzt auf dem Sofa. Heute geht auch noch der Monitor kaputt.

7.2.90 Untersuchung bei Dr. Voit

16.2.90 Vorstellung bei der Frühförderung

20.3.90 Katharina kann sich immer besser halten (Kopf und Rücken).

30.4.90 Oma paßt auf Katharina auf – das erstemal wieder gemeinsam raus

4.5.90 EKG, Röntgen - Langzeit-EKG, weil K. zu unruhig. Voit begeistert von Katharina

10.5.90 erstemal Frühförderung mit Edith

13.5.90 Katharina bekommt Backenzähne und will nur noch den Nuckel

24.5.90 nächster Versuch Sprechkanüle – Katharina nur geheult

Katharinas Geschichte beinhaltet ja auch existentielle Fragen, die jeden Menschen angehen. Und mit denen sich durchaus auch schon Kinder auseinandersetzen. Das zeigt nicht zuletzt die Zuschauerpost.

Christiane: Eben. Eine Pastorenfamilie – sie hatten so ein wunderschönes *Maus*-Briefpapier selbergemacht – schrieb, was wir auch denken: Wann wird denn eigentlich noch über Tod geredet? Früher starben die Leute zu Hause, das gehörte zum Leben. Und so ist es bis heute: Der Tod gehört zum Leben dazu. Wir müssen schlicht und ergreifend alle irgendwann gehen. Und die Pastorenfamilie sagte: Unsere Kinder kriegen schon mal mit, daß der Papa zur Beerdigung eines Kindes geht und da eine Rede halten muß. Diese Kinder können mit Katharinas Tod besser umgehen als Kinder, die damit noch nie konfrontiert wurden und sich dann fragen: »Kann man auch als Kind sterben?« Katharina hatte einige Freunde verloren, die vor ihr gegangen sind. Sie wußte damit umzugehen.

Einmal, als sie eine sehr, sehr schwere Lungenentzündung hatte, wußte sie, daß sie selbst nahe dran ist. Das waren zwar Zeichen, die wir erst hinterher verstanden haben, aber sie wußte es.

Woran haben Sie das gemerkt?

Christiane: Sie hat mir beim Anziehen gesagt: »Mama, wenn Du heute abend den Nuckel von Magdalena suchst, den hat sie in meinem Barbiemobil versteckt.« Da dachte ich, wieso erzählt sie mir das jetzt? Das kann sie mir doch heute abend sagen, wenn ich danach suche.

Dann hat sie mir mittags gesagt: »Mama, mir geht es ganz schlecht, ruf' den Papa an. Einer muß auf Magdalena aufpassen.« Papa sollte kommen. Kaum war Papa hier, sagt sie: »Mama, wann macht Dr. Fuchs auf? Ich will sofort zu Dr. Fuchs!« Ich laufe los, verfrachte sie ins Auto, parke aus, gucke in den Innenspiegel und sehe, wie sie die Augen verdreht. Und ist weg. Es war halb drei, als wir hingefahren sind. Und es war ein totaler Zufall, daß er schon da war. Die Sprechstunde beginnt erst um drei Uhr.

Er sah mich nur mit dem Kind auf dem Arm, ließ alles fallen und kam direkt zu mir, holte seinen Notfallkoffer, und dann haben wir Katharina erst mal Sauerstoff unter die Nase gehalten, wie man es nun so macht.

Da haben wir sie so gerade noch mal wiedergeholt, Dr. Fuchs und ich.

Und als erstes sagte sie: »Mama, mir geht es wieder gut, wir können jetzt nach Hause.«

Ich sagte: »Sag mal, geht's Dir eigentlich noch ganz gut? Wir müssen erstmal gucken, was mit Dir los war.« Dr. Fuchs rief gerade die Uniklinik an und bestellte den Rettungswagen.

Schnute ziehen

29.5.90 Katharina ein Jahr zu Hause – ohne stationären Aufenthalt!
K. ziemlich flüssig – halbes Brötchen gegessen
7.6.90 bei Dr. Voit größere Kanüle eingesetzt
26.6.90 Katharina sitzt frei auf dem Boden
1.7.90 erster Urlaub mit Katharina! Abfahrt nach Dänemark
4.7.90 »Legoland«, K. begeistert – auf der Rückfahrt geschlafen.
Drei neue Backenzähne auf einmal da
12.7.90 Katharina im Planschbecken
20.7.90 Sprechkanüle, Klappe die 4. – nach anfänglichen
Schwierigkeiten ganz gut
21.7.90 Trinken geht überhaupt nicht. Katharina probiert Laute
22.7.90 Trinken schlecht, ansonsten gut
23.7.90 Blut abgesaugt – Uni-Klinik Röntgen – Kanüle sitzt gut – nachts
Theater – alte Kanüle wieder rein – Katharina schläft kaum –
Puls sehr hoch – 37,6
24.7.90 wieder Blut abgesaugt, 38 – trinkt gut
25.7.90 alles in Ordnung
2.8.90 Uni, Dr. Voit – »Eltern-EMG« – wir sind kerngesund (Muskeln)
abends nach Hamm – Sprechkanüle eingesetzt
3.8.90 mit Katharina im Garten – will nichts essen. Katharina kann
»wau-wau« und »mamamam« sagen
4.8.90 Katharina nur geweint – Fieber 39,6 – Elisabeth-Kinderklinik
Hamm
5.8.90 morgens in die Uni-Klinik – Katharina trinkt auch nichts mehr –
40,2 Fieber
6.8.90 morgens um 5 Uhr Magensonde gelegt – bei Dr. Fuchs –
Katharina schläft nur
7.8.90 Katharina geht es besser – ißt und trinkt wieder – Sonde raus
8.8.90 K. gehts wieder gut
10.8.90 Katharina futtert wieder ordentlich – trinkt aber nur aus der
Lerntasse
21.8.90 Schnupfennase, Fieber – Katharina krank
27.8.90 Im Stuhl steckt sich Katharina selbst einen Keks in den Mund
3.9.90 Frühförderung – K. spielt mit Erbsen. Greift mit der rechten
Hand immer mehr
4.9.90 Katharina malt ihr erstes Bild alleine
5.9.90 K. baut »Türmchen«
23.11.90 Dr. Voit, EEG – entspricht einer Dreijährigen!
1.1.91 Katharina zwei Jahre alt – viel Geburtstagsbesuch
3.1.91 K. »reitet« im Schaukelpferd
9.1.91 Kanüle erst trocken – dann flüssig
11.1.91 K. immer noch total flüssig

Wann war das?
Wie alt war Katharina da?

Niko: Fünf Jahre. Das war der 29. September 1994. Hier steht es ja (Tagebuch, Anm. d. Hrsg.). »Katharina geht es sehr schlecht. Sie will, daß Papa nach Hause kommt. Nachmittags zu Dr. Fuchs, im Auto bewußtlos, fast gestorben, mit Notarztwagen zur Uniklinik. Die Oberärzte wollen Katharina nicht beatmen. Lungenentzündung wäre die natürliche Konsequenz ihrer Erkrankung. Chefarzt ordnet sofortige Beatmung an. Ausgerechnet heute kommt der E-Rolli.« – Steht alles drin!

Eine Frage, die vor allem von den kleinen Maus-Zuschauern häufig gestellt wurde, war: Warum ist Katharina gestorben, warum so plötzlich? Es ging ihr doch gerade so gut.

Christiane: Ja. Diese Frage haben wir uns anfangs ja selber gestellt. Beim Lesen der Zuschauerpost fand ich dann auf einmal die Antwort. Ein kleines Mädchen brachte alles auf einen Punkt. Sie schrieb: Katharina ist gestorben, weil sie keine Lebenskraft mehr hatte. Und so sehen wir das auch. Wir können nicht erklären, warum, wieso, weshalb sie an dem Sonntagmorgen nicht mehr aufgewacht ist. Ich für mich habe mir gesagt, daß es genauso ist: Sie konnte nicht mehr. Es ist einfach so. Katharina hat so viel geschafft, was andere Leute in siebzig Jahren nicht schaffen, und sie schafft ja jetzt immer noch etwas.

Daß Katharina am Maus-Geburtstag gestorben ist, hat ja auch einiges ausgelöst...

Christiane: Also mir erscheint Katharinas Tod inzwischen recht durchdacht. Sie ist so gestorben, wie sie gelebt hat. Sie war immer positiv, sie war immer optimistisch. Sie hat sich tierisch auf den nächsten Tag gefreut. Wir haben ja noch mit ihr geredet. Wir haben sie ja nachts immer umgedreht, wenn wir ins Bett gegangen sind, so um zwölf, ein Uhr. Da war nichts. Sie hatte auch tagsüber vorher nichts. Warum stirbt sie dann? – Ich denke, sie wollte zu Hause sterben. Die Intensivstation kannte sie zur Genüge. Das war, glaube ich, kein Tod, den Katharina sich vorgestellt hat. Und wenn wir uns mal genau überlegen, wie wir sterben möchten: im Bett, zu Hause, wo unsere Lieben sind, einschlafen.

Das ist sicher der schönste Tod, den man sich vorstellen kann.

Christiane: Ja. Und da denke ich, hat sie genau das gemacht, was wir uns alle wünschen. Und selbst im Tod hat sie etwas Positives für uns hinterlassen. Welch Glück, daß sie nicht auf der Intensivstation gestorben ist. Daß wir da nicht kämpfen mußten, um Beatmung oder Nichtbeatmung, daß sie da nicht hängen mußte mit weit aufgerissenen

Immer neugierig

87

16.1.91 Prof. Rose, Dortmund, Bronchioskopie – ab 8 Uhr nichts mehr essen – flache ketanest Narkose – alles super gelaufen – anatomisch ist alles gesund – keine Kanüle mehr? Sprechaufsatz

17.1.91 Katharina 20 min. mit Sprechaufsatz

18.1.91 10 min. Sprechaufsatz – scheint aber sehr anstrengend zu sein – nochmals 15 min. – besser

22.1.91 Katharina hat wieder viel gemalt – spielt mit Puppen »Vater, Mutter, Kind« – sehr flüssig

23.1.91 Bericht aus Dortmund gekommen: »omegaförmiger Kehlkopfdeckel« – Nachfragen ergaben, daß alles soweit gesund ist

29.1.91 mit Sprechaufsatz nur geheult – aber die Nase läuft – nichts in der Kanüle

30.1.91 Katharina nervig! Wenn ich für sie den Kasper mache, geht's auf einmal mit dem Sprechaufsatz! Ohne Sp. ziemlich flüssig

2.2.91 Spazierengehen mit Sprechaufsatz – nur geheult – aber keinmal abgesaugt

11.2.91 Frühförderung – mit Badepuppe, Wasser und Creme gespielt. Fast die ganze Zeit Sprechaufsatz aufgehabt

18.2.91 Katharina nur flüssig – ich konnte noch nicht einmal staubsaugen

19.2.91 K. trotzig und flüssig

21.2.91 Dr. Fuchs – 6er Kanüle aus der Uni geliehen – kein Absaugen mehr – welch Erleichterung!

23.2.91 Spazierengehen ohne Absaugen!

25.2.91 2 Stunden mit Katharina und Oma spazieren – K. will im »großen Bett« schlafen

19.3.91 Katharina um 5.45 Uhr wach – Bauchschmerzen – bis 10.30 Uhr noch mal eingeschlafen

2.4.91 Katharina und ich erkältet – Uni-Klinik, K. hat Mittelohrentzündung – macht die Nacht zum Tag

4.4.91 Dr. Fuchs, K. ganzen Tag geschlafen

6.4.91 Es geht wieder besser

7.4.91 Katharina probiert »Gehfrei« aus

24.4.91 Krankengymnastik – Katharina mit »Papierstützen« hingestellt

2.5.91 Katharina kann mit Strohhalm trinken!

15.5.91 Pommes essen geht jetzt auch!

5.6.91 Dr. Voit, Uni-Klinik – begeistert, sonst nichts Neues

16.6.91 Katharina kann rechtes Bein hochziehen

23.6.91 Versuch Sprechkanüle – negativ

6.7.91 in Bochum bei Didi im Swimming-Pool, hat echt Spaß gemacht

11.7.91 K. mit Sitzschwimmring »Krokodil« in der Badewanne

13.7.91 Sprechkanüle ausprobiert – war ganz gut – erst viel

Augen und kämpfen und sich quälen mußte. Es gibt genügend Kinder, bei denen es so geschehen ist. Und darum denke ich, es war völlig in Ordnung, wenn man es so sieht.

Wenn man es so betrachtet, hundertprozentig.

Christiane: Im nachhinein, jetzt, wo man das auch ein bißchen rationaler sieht, kann ich sagen, Katharina hat den schönsten Zeitpunkt ihres Lebens gewählt, um zu sterben. Für uns ist es zu früh, aber das Problem haben ja wir als Erwachsene, als Eltern damit. Aber sie hat eigentlich den richtigen Zeitpunkt erwischt. Es wäre noch viel, viel Schlimmes auf sie zugekommen, noch mal Folge-OPs, was mit viel Schmerzen verbunden gewesen wäre. Und alles wieder neu aufbauen. Fehlzeiten in der Schule oder ganz rausnehmen aus der Schule, das wäre wahrscheinlich alles auf sie zugekommen.

Ich glaube auch nicht, daß die Sache am 29. September ein bloßer Zufall war, ausgerechnet der Todestag meines Vaters. Oder daß sie ausgerechnet am *Maus*-Geburtstag gestorben ist. Genauso hat es seinen Sinn, daß Katharina zu uns gekommen ist. Manchmal denke ich, sie ist ganz richtig bei uns gelandet.

Und andererseits ist da auch ein Kreis gewesen. Es war nicht nur so, daß sie ein hilfloses, behindertes Würmchen war, sondern es war ein Geben und Nehmen. Es sind so viele Sachen, wo ich denke, das waren keine Zufälle. Ich will sie aber auch nicht erklären. Genauso wie es nicht erklärbar ist, warum Katharina diese Krankheit hatte, warum sie so zur Welt gekommen ist. Am Anfang hat man natürlich dieses Erklärungsbedürfnis. Warum trifft es uns? Aber das ist irgendwann überhaupt nicht mehr relevant.

Und genauso ist es mit ihrem Tod. Wir haben sie auch nicht obduzieren lassen. Ich habe gesagt, geschnippelt ist genug an ihr, es reicht. Lebendig machen kann sie auch keiner mehr. Was hab' ich davon, ob ihr jetzt ein Pups quer in der Lunge gesessen hat oder sonst was. Ich will es auch gar nicht erklären.

Ich denke einfach, dieses Positive, das hat dieses Kind ausgemacht. Ich muß auch sagen, mir fällt es jetzt manchmal schwer, auch mit Magdalena zusammen, dieses Positive einfach beizubehalten, weil mir ein Stück weit ein Vorbild fehlt. Obwohl sie mein Kind war, aber in ihrer Ruhe, die sie hatte… Sie konnte ja nun nicht weg, aber sie hatte so eine Ruhe um sich. Da mußte ich mich oft etwas bremsen. Bei Magdalena merke ich, daß wir zwei manchmal etwas zügellos miteinander umhergaloppieren.

Die Geschichte mit dem Lesezeichen war recht typisch für Katharina. Und Magdalena hat's genauso drauf. Also die zwei sind eben richtige Schwestern. Ich merke auch gleiche Verhaltensweisen und Gestiken an Magdalena, die sie jetzt ja gar nicht mehr abgeguckt haben kann. Aber Katharina war vom Kopf sehr viel

Das selbstgebastelte Lesezeichen!

geweint, dann »hallo, hallo«

15.7.91 Sprechkanüle scheint endlich akzeptiert – mit Inneneinsatz aber viel abzusaugen

16.7. Katharina sehr quengelig

27.7.91 nach Hamm – Sprechkanüle sofort okay

28.7.91 »Mama, Ei, Oma, Arm, Ja, Ja!«

31.7.91 Dreiradfahren – »Miau, Ei-ba (Eisenbahn), Wau-Wau« – Katharina ißt schlecht

5.8.91 mit K. mit dem Schiff nach Zons – Katharina hat Sonnenbrand

21.8.91 Dreirad für Katharina gekauft – sie sagt dazu »AMÄH« (Rasenmäher)

2.9.91 Eltern-Kind-Gruppe, Frühförderung

9.9.91 allein mit Katharina Auto gefahren

11.9.91 Turnen – Matschen mit Nivea

21.9.91 nach H. – Katharina wird ausgerechnet jetzt krank

23.9.91 Abfahrt nach Berlin – Katharina hat Fieber – viel Blut mit abgesaugt

24.9.91 ab mittags geht's K. besser

25.9.91 Katharina wieder gesund – 2 Stunden Ku-Damm – Bummel mit K.

26.9.91 Lietzensee, Park – Entenfüttern – 2 ½ Stunden – einmal abgesaugt!

27.9.91 das erstemal Bus gefahren

6.10.91 alle zusammen Christoph besucht – durchs Brandenburger Tor – Tiergarten

8.10.91 mit Katharina gekocht

10.10.91 mit dem Bus nach Ostberlin – Katharina liebt Brunnen – abends mit K. »gelaufen« (unter den Achseln gehalten)

20.10.91 alle drei Schiffsrundfahrt auf dem Wannsee

28.10.91 Hanno bringt Absaugkatheter im Flugzeug mit

2.11.91 Abfahrt Berlin nach Hamm

8.11.91 Katharina: »Sofas wieder da! Zwei Männer bracht!«

11.11.91 Martinszug Frühforderzentrum

14.11.91 Katharina kann jetzt im Einkaufswagen sitzen – K. und ich haben ab heute ein eigenes kleines Auto – Peugeot 205

15.11.91 Uni-Klinik mit Peugeot – Muß die Kanüle noch sein? (Prof. Lenard)

23.11.91 Toben mit Papa

25.11.91 Katharina vom Sofa gerollt!

29.11.91 Dr. Voit – kein homogener Muskelbefall

11.12.91 Dr. Voit, sieht alles ganz gut aus - Kanüle erst in einem Jahr raus – Sicherheitsdenken – orthopädische Gehhilfe?

weiter, weil sie einfach so viel kompensiert hat.

Und da fehlt mir manchmal meine Gesprächspartnerin. Wenn Magdalena irgendwie Mist gemacht hat am Abendbrottisch, dann haben wir beiden ›großen Frauen‹ uns mit rollenden Augen angeguckt und gedacht: Ach, die Kleine! Da gab es Augenblicke, die konnten nur Katharina und ich verstehen. Es war unheimlich schön, daß wir so etwas Geheimes hatten.

Ich könnte mir vorstellen, daß diese besondere Intensität Ihrer Beziehung zueinander auch aus der notwendigerweise intensiven, gewissermaßen Rundum-die-Uhr-Betreuung erwachsen ist. Wie sah denn so ein Tagesablauf aus?

Christiane: Tja, das war verschieden, je nach Lebensalter. In der ersten Zeit auf der Intensivstation sah ein Tag anders aus als später im Kindergarten oder als sie in der Schule war. Zuletzt mußte sie dreimal in der Woche zur Therapie. Einmal Sprachtherapie und zweimal Krankengymnastik. Als sie noch im Kindergarten war, war es für uns einfacher, da lagen das Förderungszentrum, wo die Therapien durchgeführt wurden, und der Kindergarten gleich beieinander. In der Schulzeit mußte ich Katharina immer zu den Therapiestunden fahren. So ein Tag lief dann oft sehr hektisch ab.

Niko: Morgens wurde Katharina von einem von uns zur Schule gefahren. Da wartete dann schon Michael, unser Zivi, auf sie. Sie brauchte ja eine ständige Begleitperson, und er war während der Schulzeit für sie da.

Christiane: Nach der Schule habe ich sie mit Magdalena zusammen abgeholt, dann wurde zu Mittag gegessen und ein bißchen erzählt, und dann ging's auch schon wieder los zur Therapie. Das Förderzentrum ist etwa ein halbe Stunde mit dem Auto von uns entfernt. Also Katharina zwei Stockwerke runter ins Auto tragen, wieder raufrennen und Magdalena holen. Am Förderzentrum angekommen, E-Rolli ausladen…

Niko: Das gute Stück wog um die 70 kg.

Christiane: Ja. Während der Therapiestunden hat Michael sich meistens um Magdalena gekümmert. Ich mußte dort ja auch einiges lernen, um dann mit Katharina zu Hause weiter zu üben.

Niko: Abends mußte bei Katharina das »Bändchen«, mit dem die Kanüle in ihrem Hals fixiert war, gewechselt werden. Wir haben sie dazu hingelegt, Bändchen abgenommen und den Hals und das Loch im Hals gereinigt. Einmal in der Woche wurde die ganze Kanüle gewechselt.

Christiane: Danach gab es die Gutenachtgeschichte. Und wir hatten dann noch ein besonderes Ritual, das »Extra Däumchen«.

Wie ging das denn?

Christiane: Ich mußte ihr soviele Dinge für den nächsten Tag nennen, wie Finger an der Hand sind. Zum Beispiel: Morgen gehen wir zur Krankengymnastik, morgen kommt der Papa früher

Im Kindergarten

13.12.91 Dr. Görtzen Orthopädie – Katharina soll operiert werden – Sehnenverlängerung

24.12.91 Weihnachten in H. – K. ist völlig aufgedreht

31.12.91 Katharina um 5 Uhr wach

1.1.92 Katharina 3 Jahre alt. Geburtstagsbesuch, wie immer Herr Höfermann

9.1. Katharina hat Durchfall

20.1.92 Uniklinik Station OK4. 1. Tag Krankenhaus, Chaos, morgen keine OP

21.1.92 Untersuchungen, Röntgen Hüfte – KC16 besucht, nervig Krankengymnastik

24.1.92 OP 5 Stunden! alles gut – Kniebeugesehne nicht geschnitten, nur gezogen – Katharina weinerlich, Schmerzen – Maligne Hypertonie während der OP

25.1.92 Katharina geht's schon besser – etwas weinerlich

26.1.92 Oma da, Katharina darf mit dem Kinderwagen raus

27.1.92 Herr Höfermann da – Katharina wird's langweilig – ansonsten gutgelaunt

29.1.92 Oberschenkelgips! Katharina jammert – sonst alles okay

30.1.92 Herr Höfermann da – Katharina soll mit laufen – und weint. Abends mit Papa laufen – Katharina lacht – mit Buggy spazieren, K. schläft und ist gut drauf

3.2.92 Entlassung! Gips runter – Abdruck – neuer Gips – endlich wieder zu Hause

4.2.92 Katharina jammert – bei Dr. Fuchs

5.2.92 mit K. gelaufen. Ihr geht's ganz gut

7.2.92 Mit Katharina Straßenbahn gefahren (Gipsbein paßt nicht ins Auto) – Uni-Ambulanz – neuen Gips

20.2.92 Uni-Klinik, Gipsbeine ab – Humangenetik

21.2.92 Katharina jammert, wenn man an ihre Beine kommt. Die Narben sehen nicht gut aus

22.2.92 mit Katharina in der Badewanne – geht schon besser

24.2.92 Kindergruppe – alle haben sich gefreut, daß wir wieder da sind – Krankengymnastik

11.3.92 Krankengymnastik – war toll! Katharina macht klasse mit

13.2.92 Katharinas erster Dauerlutscher (bio)!

16.2.92 Dr. Fuchs, Katharina krank – Antibiotikum – gebastelt

20.3.92 Katharina spielt Klavier

25.3.92 kleines Klavier für Katharina gekauft (Casio)

1.4.92 Katharina macht gut bei Krankengymnastik mit. Im Hoppser gewesen

2.4.92 Katharina will nur noch laufen und in den Hoppser

nach Hause, wir gehen ein Eis essen, morgen kannst du in die Badewanne, morgen spielen wir mit dem Puppenhaus. Das waren fünf Dinge, aber dann kam von der anderen Hand immer noch ein Daumen dazu, das »Extra Däumchen«. Da wurde noch etwas Besonderes für den nächsten Tag geplant. Nach diesem Ritual wurde Katharina auf die Seite gedreht und mit einer Handtuchrolle gestützt. Wenn wir Eltern dann ins Bett gingen, drehten wir sie auf die andere Seite, damit sie keine Druckstellen bekommt und ihre beiden Lungenflügel gut belüftet wurden.

Um noch mal auf die Zuschauerpost zurückzukommen – die meisten Briefe wurden ja, aufgrund ihrer Vielzahl, von der Redaktion mit Formbriefen beantwortet. Haben Sie einige auch persönlich beantwortet?

Christiane: Ja, einige. Dann habe ich telefonisch weitergemacht. Das waren allerdings eher medizinische Fachgespräche, die zwar aus dem Beitrag über Katharina resultierten, die mit der Sendung an sich aber nichts zu tun hatten. Gut, es wurde schon gesagt, daß sie das ganz toll fanden. Aber es wurden vor allem Fachfragen gestellt. Ich habe Eltern über Sprechkanülen beraten oder geschildert, wie wir Katharina ans Essen bekommen haben…

Niko: …oder jemand wollte Prospekte von dem Rollstuhl haben. Diese Wünsche haben wir an die Redaktion weitergeleitet. Von dort aus wurden die Unterlagen dann verschickt.

Christiane: Eine Mutter, die auch ein behindertes Kind hat, sagte, sie würde uns als Vorbild sehen. Damit hatte ich Schwierigkeiten. Ich denke, das muß jeder auf seine Weise herausfinden, wie man damit umgehen kann. Und so eine Vorbildfunktion zu haben… Gut, wenn man sich daran festhalten kann, ist es in Ordnung.

Haben sich als Reaktion auf die Sendung irgendwelche Kontakte ergeben?

Christiane: Nein, nicht direkt. Mit einigen habe ich mehrmals telefoniert. Zum Beispiel mit einer Familie, die Probleme hatte, einen Zivildienstleistenden für ihr behindertes Kind zu bekommen. Sie fragte, wie wir das geregelt hätten. Nachdem wir mehrmals hin- und hertelefoniert hatten, bat ich die Mutter um Rückruf, weil es mich inzwischen auch interessierte, ob sie mit ihrem Anliegen weitergekommen sind.

Sie hatten einen Zivildienstleistenden, der nur für Katharina da war?

Christiane: Ja, der heiß und innigst geliebte Michael. Es wäre auch schwer gewesen für jeden anderen Zivi nach ihm, weil er wirklich geliebt wurde. Von uns allen. Er hat sich sehr für Katharina engagiert. Zum Schluß hätte er eigentlich gar nicht mehr bei uns sein dürfen.

Die Caritas hat wohl irgendwann herausgefunden, daß ›Absaugen‹ ein

Basteln mit »Zivi« Michael

93

10.4.92 Orthopädie – alles in Ordnung – im 1/2 Jahr noch mal wieder-
kommen
14.4.92 Anprobe vom Stehgestell
17.4.92 Uli und Oma lange mit Katharina spazieren
18.4.92 Katharina weint und hat Fieber – Eier gefärbt
19.4.92 Ostern – Osterfeuer mit Katharina – Katharina noch Fieber
30.4.92 Orthopädie – Anprobe – Fertig – Katharina steht alleine!
Dr. Voit noch besucht – Muskelbefund der Orthopädie-OP
nicht aufgetaucht!!
4.5.92 Kindergruppe – Spielplatz im Eller Forst – KG Katharina steht
gut mit den Schienen
20.5.92 Bin ich schwanger?
24.5.92 Mit dem Schiff nach Z.
2.6.92 Uni-Frauenklinik – 7. Woche schwanger!
7.5. 92 Alle auf dem Rheinturm. Yachthafen
9.5.92 Ultraschall – alles okay – Verantwortung liegt nach der Geburt
bei den Kinderärzten – Risiko 1 zu 4
17.6.92 Katharina fährt im FFZ mit E-Rolli! Video-Film gemacht
19.6.92 K. bis 23.30 Uhr wach – schläft im großen Bett – Umzug ins
kleine Bett um 2 Uhr
25.6.92 Katharina am Computer
26.6.92 nach H. Katharina ganz aufgeregt – Uli kommt auch
27.6.92 K. bekommt viel geschenkt – ganzen Tag im Garten –
Planschbecken – Kirschen reif
30.6.92 Frauenklinik – alles okay – Katharina quengelig – will nur auf
den Arm
1.7.92 keinen Mittagsschlaf – abends mit mir im großen Bett eingeschlafen (23 Uhr)
5.7.92 bei Mika – viel im Garten – Katharina vom Rutscheauto
gefallen – Beule
7.7.92 wieder schläft Katharina nur im großen Bett ein
8.7.92 Katharina ziemlich trotzig
10.7.92 EKG, Echo Uni-Klinik
13.7.92 Kindergruppe – Turnen – sehr anstrengend
19.7.92 Ballonfahrt Niko – Katharina und ich als »Verfolger«
28.7.92 Ultraschall – alles okay – Baby zappelt ganz schön rum –
Dr.Voit getroffen – Katharina soll Kanüle rauskriegen
31.8.92 Turnen – Herr Brennig begeistert von Katharina
13.9.92 Wochenende mit der Kindergruppe in Schloß Heiligenhofen –
Schwimmen mit Katharina – war gut!
16.9.92 Ultraschall gut – wahrscheinlich ein Mädchen – Katharina
freut sich

medizinischer Eingriff ist. Ein Zivi darf aber nur sogenannte »pflegerische Maßnahmen« durchführen, wie waschen, zur Toilette begleiten usw. Aufgrunddessen hätte Michael seinen Einsatz hier direkt abbrechen müssen. Aber er wollte nicht. Das könne nicht sein, daß es so laufen müßte, er würde nicht aufhören. Nach den Sommerferien wäre die Situation dennoch auf uns zugekommen. Wir hätten keinen Zivildienstleistenden mehr gekriegt, und ich hätte mich nicht den ganzen Vormittag in die Schule setzen können, was ich schon mal bei Ausfallzeiten von Michael gemacht habe. Magdalena ist ja auch noch da. Und das hätte bedeutet: Körperbehinderten-Schule. Da hätten wir wieder einen Zivi gekriegt, was auch absurd ist, aber wir hätten Katharina aus der integrierten Klasse rausnehmen müssen. Und das hätte ich ihr nicht erklären mögen. Weil – so stur sie auch sein konnte oder so dickköpfig – so sensibel war sie auch.

Und da haben wir uns schon unsere Gedanken gemacht: Ja, was machen wir jetzt, wenn wir keinen Zivi mehr kriegen. Wir wußten das ja; Katharina wußte es nicht. Das lief immer bei den Zigarettchen in der Küche, wenn der Zivi seine Fünf-Minuten-Pause mit der Mama machen durfte, da hat er mir das Neueste darüber erzählt.

Ich würde gerne einmal über den Anfang sprechen. Darüber, wie die Geschichte von Katharina in die Sendung mit der Maus *gelangte. Der Brief von Katharinas Großmutter war quasi der Auslöser für die Sendung und im Zuge dessen auch der Auslöser dieser Dokumentation. Haben Sie damals von dem Brief an die* Maus-Redaktion *gewußt?*

Niko: Ja, das wußten wir.

Christiane: Ich hatte mit meiner Mutter darüber gesprochen, weil uns der Zeitpunkt ihres Todes so unverständlich war; daß sie ausgerechnet an diesem *Maus*geburtstag sterben mußte.

Wir hatten so ein dringendes Erklärungsbedürfnis: Wir sagten uns: Sie kann doch jetzt nicht tot sein. Heute ist *Maus*geburtstag! Das geht doch gar nicht! Meine Schwester sagte: »Ja wieso, ich hab' ihr doch noch gar nicht die Photos geschickt!« – Sie hatte ihr Photos versprochen. – Die kann doch jetzt nicht tot sein! – Meine Mutter sagte: »Ausgerechnet heute – sie als so großer *Maus*fan!«

Nach dem *Maus*geburtstag sollte sie ja zur *Maus* fahren, über den Verein »Wünsch dir was« für chronisch kranke Kinder. Die hatten uns über die Uniklinik kontaktiert und gefragt: Katharina müßten wir auch mal einen Wunsch erfüllen, was möchte sie denn? Ruft uns an, wenn Ihr etwas wißt. Und Katharina wünschte sich, zur *Maus* zu fahren.

Ja, und dann sagte meine Mutter: »Meine Güte, diese Geschichte müßte man eigentlich der *Maus* schreiben.« Dann habe ich gesagt: »Mutti, mach es; ich kann es nicht!« Und da meine Mutter sehr gute Briefe schreibt, dachte ich, sie macht das schon richtig.

Katharina und Magdalena im Herbst 1994

22.9.92 Katharina kriegt von Patrick Bauklotz an den Kopf – für sie stürzt eine kleine Welt zusammen

24.9.92 K. will unbedingt in die Kindergruppe – läuft alles gut

25.9.92 Eiscafe und Essen gegangen mit Katharina – war prima

22.10.92 mit Papa zur Kindergruppe – Laterne gebastelt

25.10.92 Katharina mit mir um 22 Uhr im großen Bett

26.10.92 Katharina muß morgens erst spielen

30.10.92 Katharina ganzen Tag bei Oma

5.11.92 Kindergeburtstag bei Domenik und Patrick – Katharina sehr aufgeregt – anstrengend, aber sehr schön

12.11.92 Martinszug FFZ

24.11.92 Frauenklinik – Katharina heult, weil ich sie nicht mehr tragen darf

25.11.92 Adventsbasteln – war sehr schön

24.12.92 Weihnachten in Benrath

1.1.93 Katharina 4 Jahre alt! Viel Besuch – K. fällt vom Kinderstuhl – nur erschrocken

7.1.93 Baby liegt wieder richtig rum – Iris trägt Katharina rauf und runter

8.1.93 Katharina bekommt ihren ersten Cassettenrecorder – alle noch essen gegangen

9.1.93 Katharina hört ununterbrochen »Mauscassette« auf ihrem neuen Cassi

11.1.93 kaum Mittagsschlaf – Katharina futtert Unmengen von Spaghetti

14.1.93 Frauenklinik – alles okay – Niko frei, Cafe John – Dirk trägt Katharina runter

17.1.93 Katharina nachts um 4 Uhr wach

18.1.93 Behindertenparkplatz vor der Tür eingerichtet

20.1.93 alleine Katharina rauf- und runtergetragen

22.1.93 19.43 Uhr – Katharina hat eine kleine Schwester – Magdalena!

26.1.93 Magdalena macht die Nacht zum Tag – jede Stunde Trinken – Katharina ist ganz stolz

29.1.93 spazierengehen mit beiden »Mäusen«

2.2.93 alle vier in der Kindergruppe – neue Kanüle angekommen

6.2.93 Katharina und Magdalena schlafen im großen Bett

8.2.93 Katharina krank – wir proben den Ernstfall – Oma kommt – Katharina und Magdalena wechseln sich nachts ab

10.2.93 Katharina nervig – macht keinen Mittagsschlaf – Magdalena auch lange wach

12.2.93 Dr. Voit begeistert von Katharina – Magdalena verschläft die ganze Untersuchung – bald Kanüle raus – Freitag Termin

Ich wußte auch nicht, wann sie geschrieben hat. Sie sagte nur irgendwann: »So, heute hatte ich das richtige Gefühl in der Magengegend, heute habe ich den Brief an die *Maus* geschrieben.« Was sie geschrieben hat, wußte ich nicht bis zu dem Zeitpunkt, an dem ich Armin darum gebeten habe, mir eine Kopie vom Brief meiner Mutter zu machen. Sie hatte gesagt: »Du, ich hab's mir nicht noch einmal durchgelesen, es war runtergeschrieben, eingetütet, weg. Ich kann es dir nicht sagen, was ich geschrieben habe.« Ja, und dann kam der Brief von Armin zurück. Aber, daß sie geschrieben hat, das wußten wir.

Armin Maiwald hat in seiner Antwort an die Großmutter angefragt, ob Sie sich eine Geschichte über Katharina in der »Sendung mit der Maus« vorstellen könnten. Er bat die Großmutter, Sie mit diesem Vorschlag nur zu konfrontieren, wenn es ihr zumutbar erschien. War es schwierig für Sie, sich zu überlegen, ob Sie einer Geschichte in der »Sendung mit der Maus« über das Leben und den Tod Ihrer Tochter zustimmen möchten? Kam diese Anfrage überraschend oder hatten Sie damit gerechnet?

Christiane: Also, daß wir eine Antwort bekommen würden, das wußte ich.

Denn Katharina hatte zum *Maus*-Geburtstag geschrieben und gemalt und bekam im April, als sie schon tot war, eine Antwort aus dem *Maus*-Postbüro. Das hat uns dann erst mal umgehauen. Und ich hatte mir daraufhin gedacht, daß auf den Brief von der Oma auch eine Antwort kommt. Aber daß Armin vorschlagen würde, die Geschichte von Katharina in der *Sendung mit der Maus* zu erzählen, daran haben wir im Traum nicht gedacht!

Als der Brief von Armin da war, rief mich meine Mutter an und hat ihn mir vorgelesen. Da liefen erst mal die Tränen. Und dann haben wir sehr, sehr lange überlegt. Armin hatte ja geschrieben, wir könnten uns Zeit lassen. Wir haben mit Freunden gesprochen. Ich habe zum Beispiel einen sehr guten Kontakt zu den Eltern von Johanna, der besten Freundin von Katharina. Sie sind inzwischen unsere Freunde. Ich habe die Mutter von Johanna angerufen, habe mit ihr darüber gesprochen, wie sie das sieht, ob wir das machen sollen. Wir haben mit Dr. Fuchs darüber geredet...

Niko: ...mit allen, die Katharina gut kannten, ob das jetzt Freunde waren oder die Ärzte...

Christiane: ...wir haben von allen ein Stück Meinung eingeholt, um uns selber darüber klarzuwerden. Man macht ja nicht nur die Haustür auf, man geht damit auf einmal in eine breite Öffentlichkeit.

Niko: Ich habe auch lange hin und her überlegt, ob wir das machen sollen oder nicht. Es ist schon ein ungeheurer Schritt. In erster Linie haben wir uns gefragt, ob Katharina das machen würde. Und diese Frage tauchte ja auch in Armins Brief auf.

Christiane: Ja. Der Brief war sehr feinfühlig geschrieben. Und bei dieser

Katharina in ihrem Klassenzimmer

Orthopädie

15.2.93 Katharina quengelig – keinen Mittagsschlaf – Magdalena Bauchweh

19.2.93 Orthopädie – am 14.6. OP

20.2.93 Katharina von 23.30 bis 4 Uhr wach

2.3.93 Katharina auch krank – Fieber, 39,6

6.3.93 Magdalena kein Fieber mehr – Katharina immer noch Fieber – sehr hoch, 39,6

8.3.93 Katharina zum Zahnarzt

10.3.93 Katharina übel drauf – nervt nur – Magdalena lacht

21.3.93 K. um 6 Uhr wach – krank – Fieber und Schnupfen

22.3.93 viel absaugen

8.6.93 Kindergartengruppe für Katharina im FFZ angeguckt

12.6.93 alle vier zur »Maus-Show« nach Hollymünd – Abenteuertag für Katharina

14.6.93 Uni-Klinik Orthopädie – wieder nach Hause

21.6.93 Uni-Klinik OK4, Untersuchungen – hat Katharina einen Pilz am Rücken? Morgen keine OP – erst Hautklinik

22.3.93 Hautklinik – Hefepilz am Rücken – erst ausheilen, dann OP – also wieder nach Hause – beide Kinder ziemlich durcheinander

23.6.93 Abschiedsfest Kindergruppe – nervig – beide Kinder nur geschrien

7.7.93 Kindergartenuntersuchung Brinkmannstr. – Magdalena nicht geimpft wegen Schnupfen

3.8.93 Sommerausflug – mit dem Schiffchen nach Zons

6.8.93 Zitat Katharina: »Tja, so ist das Leben«

10.8.93 Katharinas erster Kindergartentag! Sie meistert es bravourös!

11.8.93 Katharina will zum Mittagessen im Kindergarten bleiben – es läuft wirklich wunderbar – Magdalena ist sehr aufgedreht

12.8.93 Katharina das erstemal ganz alleine im Kindergarten und bleibt sogar schon bis nachmittags

13.8.93 K. wieder alleine im Kindergarten – alle holen sie ab – ihr geht es sichtlich gut – Eis essen – abends Katharina Fieber 38,7 – alle ziemlich kaputt

14.8.93 Katharina kein Fieber mehr

15.8.93 Magdalena macht Popo hoch!

19.8.93 Absaugnotfall im Kindergarten – um 13.30 Uhr abgeholt – war aber nicht so schlimm – beide Kinder sehr quengelig

20.8.93 Katharina wieder alleine im Kindergarten

1.9.93 K. im Kindergarten vom Dreirad gefallen – viel geweint – Riesenbeule – im Auto eingeschlafen

Frage von Armin: Hätte es Katharina selbst gewollt? waren wir beide uns hundertprozentig sicher. Es war ein Traum von ihr, in die *Sendung mit der Maus* zu kommen. Sie hatte sich Sachen überlegt, also… Sie wollte einmal hinschreiben: »Die sollen doch mal gucken kommen, wie ein behindertes Kind lebt.« Prompt kam in der *Maus* etwas von einem behinderten Kind! Dann war sie in der Schule: »Ach, die sollen doch mal gucken, wie ich in der Schule zurechtkomme.«

Niko: Ein paar Wochen später kam das dann.

Christiane: Als hätten die *Maus* und sie einen geheimen Draht. Es war ihr Wunsch und es war ihr Traum.

Niko: Wir sind ja zu keiner Veranstaltung hingefahren, wo man die Möglichkeit gehabt hätte, die *Maus* zu sehen. Das war für Katharina mit dem Rollstuhl immer ein Problem. Selbst für ein gesundes Kind ist es schwer, sich da vorzuarbeiten.

Christiane: Ja, wir waren nur einmal…

Niko: …in Köln. In Bocklemünd war das.

Christiane: Da hatte Katharina eine große orthopädische OP vor sich. Und da haben wir ihr versprochen: »So, dieses Wochenende machen wir noch mal Abenteuertag, bevor Du wieder in Deine zwei Gipsbeine kommst und nichts mehr machen kannst. Wir fahren nach Bocklemünd zur *Maus*show.« Da es an diesem Tag geregnet hat, kam man auch noch ganz gut dran. Zufälligerweise war Armin auch da. Sie hat ihn also schon einmal live gesehen. Armin sie aber nicht, das war einfach zu voll und zu viele Kinder. Ihren E-Rolli hatte sie da noch nicht. Auf jeden Fall konnte sie dort die »große Kuschelmaus« sehen und das war schon mal o.k. Damit hatten wir ein paar Wünsche abgedeckt.

Niko: Die Sache ist aber auch schwierig gewesen, um jetzt wieder auf den Brief zu kommen. Ich habe mir schon darüber Gedanken gemacht, wie das andere Leute sehen, wenn man so etwas macht, an die Öffentlichkeit geht. Sagen die: Meine Güte, das machen die alles aus…

Christiane: …Geldgier, verkaufen jetzt das Schicksal ihrer Tochter!

Niko: Das ist aber gerade nicht das, was wir wollten. Es sollte wirklich eine Geschichte über Katharina werden und in Katharinas Sinn. Und mit diesen Gedanken haben wir vier Wochen nach Armins Brief bei ihm angerufen. Zuerst wollten wir mit ihm ein Gespräch haben.

Christiane: Das hat er aber auch sofort angeboten.

Niko: Dann haben wir uns hier getroffen und haben drei, vier Stunden geredet. Und dann haben wir einfach das Gefühl gehabt, das ist der richtige Mensch, wie er das angeht.

Christiane: Gerade bei solch privaten Dingen, die Fingerspitzengefühl erfordern, muß man sich auf seine innere Stimme verlassen, wem man vertrauen kann und wem nicht. Wir haben ja sehr viel von uns hergegeben. Wir haben auch mit Armin zusammen geweint.

Große Augen sehen viel

99

2.9. 93 K. wieder zum KiGa
10.9.93 mit den Kindern zur Ausstellungseröffnung Moni in G.
15.9.93 Pekip – Gruppe Magdalena – Elternnachmittag Ki-Ga –
   großes Bett für Katharina gekauft – Katharina und Magdalena
   schlafen in einem Zimmer
20.9.93 Magadalena will nur noch stehen – Katharina gut im KiGa
30.9.93 Kindergartenausflug in den Grafenberger Wald – mit Doppel-
   kinderwagen sehr anstrengend
27.10.93 abends Katharina 40 Fieber – Magdalena nachts wach
28.10.93 Niko und Katharina krank
29.10.93 Dr. Fuchs – mittags nach H. – die Kinder schlafen im Auto
30.10.93 Katharina ißt immer noch nichts
2.12.93 Kindertheater KiGa – Katharina ganz alleine (ohne Mama) mit
   dem Bus gefahren
11.12.93 Katharina sind zwei Zähne ausgefallen
1.1.94 Katharina ist nun 5 Jahre alt! Pastor Höfermann da
8.1.94 Kindergeburtstagsfeier von Katharina – Johanna und Johanna
   da – K. ganz aufgeregt
10.1.94 wieder im Kindergarten – Katharina feiert noch mal in der
   Gruppe Geburtstag
18.1.94 Magdalenas erster Backenzahn
19.1.94 mit beiden Kindern zu Johanna K-B's Geburtstagsparty
22.1.94 Magdalena ist 1 Jahr alt!
28.1.94 Katharina Fieber – Ich ganz alleine nach Hamm
29.1.94 Katharina ruft alle 3 Stunden in Hamm an
5.2.94 Magdalenas erste Schuhe gekauft
7.2.94 bei Johanna P.
10.2.94 Karneval im Ki–Ga
18.2.94 Katharina nachts Durchfall
19.2.94 Magdalena und Katharina krank
20.2.94 Katharina sehr krank
24.2.94 Magdalena geht's wieder gut
7.3.94 Katharina wieder im Kindergarten
31.3.94 Osternachmittag im Ki-Ga
3.4.94 mit den Kindern in Wuppertal Schwebebahn gefahren
5.4.94 Orthopädie OK4, Muskelbiopsie an Dr. Voit
6.4.94 OP - Kinderintensiv KI 12 – alles okay
7.4.94 bis 11 Uhr KI 12, dann OK4 – Magdalena bei Rosina
9.4.94 das erstemal im Rollstuhl draußen – immer nur vorlesen –
   Niko und Magdalena besuchen Katharina
10.4.94 im Rollstuhl spazieren
13.4.94 Entlassung – nachmittags zu Hause

Das waren einfach Situationen..., also mit jemand anderem unbedingt..., weiß ich nicht.... Wir mußten ja mit Armin noch mal bei Stunde Null anfangen.

Aber er ist nun einmal eine Persönlichkeit, wo ich einfach sage, er hat sich seine Menschlichkeit bewahrt in dem Medienrummel, und mit ihm konnten wir's machen. Weil wir gleich zueinander ein sehr gutes Gefühl hatten und Vertrauen da war und jeder um die Verantwortung von diesem Film wußte. Es ging ja darum, wirklich das rüberzubringen, was Katharinas Leben ausgemacht hat. Und das ist ja nun gar nicht einfach für jemand, der sie gar nicht gekannt hat. Er mußte sich ja von unseren Erzählungen, Photos, Videos und von den Erzählungen all der anderen ein Bild von Katharina aufbauen. Und er hat es geschafft. Das denke ich schon.

Haben Sie sich zu irgendeinem Zeitpunkt belastet gefühlt, durch die Dreharbeiten oder durch den Entschluß, die Sendung zu ermöglichen?

Eltern: Nein, nie.

Wie war es, als die Technik in Ihrem Wohnzimmer aufgebaut war, Armin von Ihrer Tochter zu erzählen?

Niko: Mich hat die Technik im Wohnzimmer nicht gestört. Ich bin selber Tontechniker und von daher daran gewöhnt. Für mich war es sogar so, daß ich in den Wochen der Dreharbeiten zum ersten Mal über den Tod meiner Tochter sprechen konnte. Vorher hatte ich mich sehr zurückgezogen, habe mich viel beschäftigt. Mir fiel es an den beiden Drehtagen bei uns zu Hause auch noch schwer, aber ich war selber überrascht, daß es überhaupt möglich war.

Christiane: Auf einmal konnten auch wir miteinander darüber reden. Dadurch, daß wir selber das ganze Leben von Katharina noch einmal erzählt haben und uns auch bei den Gesprächen mit allen, mit denen sie in ihrem Leben zu tun gehabt hatte, noch einmal mit ihrem Tod beschäftigt haben, konnten wir mit unserer Trauer besser umgehen. Manche Leute brauchen nach dem Tod ihres Kindes eine Therapie oder gehen in eine Selbsthilfegruppe, wir hatten Flash Film (Armin Maiwalds Filmproduktionsfirma). So kann man es fast sagen. Wir fühlten uns sehr verantwortungsvoll aufgehoben, beim gesamten Team und auch von seiten der Redaktion. Alle haben immer darauf geachtet, daß wir in unserer Privatsphäre niemals gestört und auch niemals verletzt wurden.

Gab es in Ihrer unmittelbaren Umgebung, bei Freunden, in der Nachbarschaft Reaktionen auf die Sendung? Wie war das für Sie?

Christiane: Als der Film ganz frisch gelaufen war, gab es schon Situationen – wenn ich mit Magdalena Eis essen war zum Beispiel –, in denen ich komisch angeguckt wurde. Meistens waren es Mütter mit ihren Kindern, denen man ansah, daß sie sich fragten: Ist sie's oder

Katharina mit ihrer Sprachtherapeutin

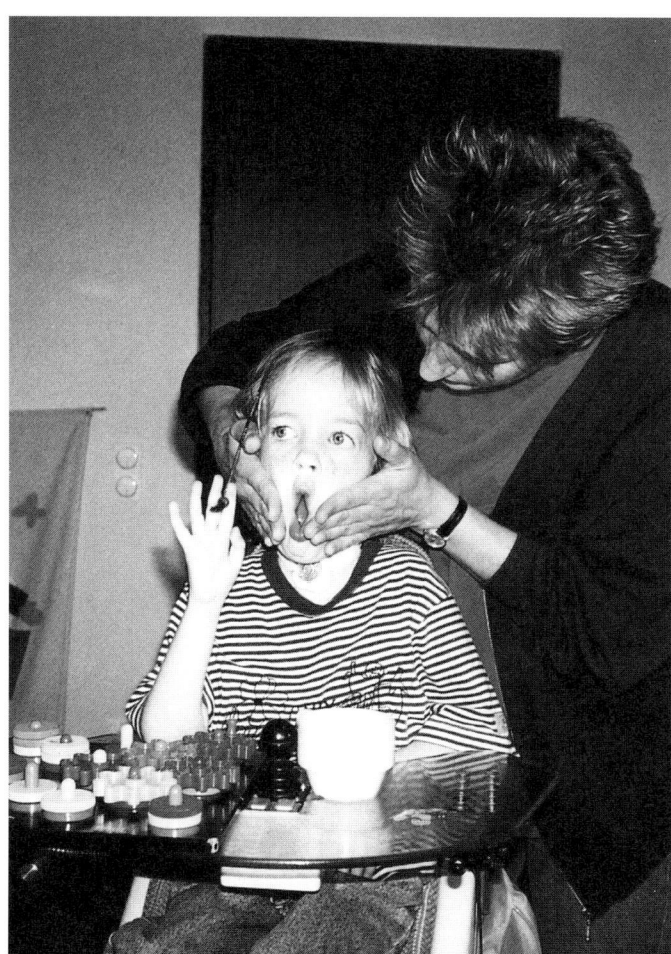

101

15.4.94 Dr. Fuchs – Bein angucken – alles okay
19.4.94 OK4 Fäden ziehen – alles okay – kurz im Kindergarten – Katharinas Wackelzahn raus
20.4.94 Magdalena läuft das erstemal alleine
29.4.94 Katharina wieder im Kindergarten
6.5.94 Gips tagsüber ab – AOK Rollstuhl bald – Orthese okay
8.5.94 Muttertagsgeschenk von Katharina – alle Kinder in der Badewanne
19.5.94 Julien bei Katharina zu Besuch
21.5.94 Katharina im Ki-Ga lange alleine Rolli gefahren
25.5.94 orthopädische Werkstatt – Orthese
1.6.94 Auftrag für E-Rolli an Rollstuhlschnelldienst!!!
11.6.94 Sommerfest Ki-Ga
14.6.94 mit Johanna P. in der »Spieloase«
17.6.94 Orthopädie, Kontrolle
18.6.94 Sommerfest KC16 – Magdalena krank – Mandelentzündung – hoch Fieber – Uni
21.6.94 Katharina hoch Fieber – Dr. Fuchs
30.6.94 Kindergeburtstag bei Johanna P.
3.7.94 Taufe Magdalena
7.7.94 Orthopädie Abdruck
12.7.94 Katharina letztesmal Kindergarten vor Sommerpause
19.7.94 mit Katharina Fahrrad gefahren – ohne Pampers
20.7.94 s o. – ab mittags wieder ohne Pampers
21.7.94 Katharina wieder ohne Pampers – klappt super
22.7.94 Urlaub in Holland – Magdalena schläft im Auto – Katharina nur mit Unterhose
23.7.94 nachmittags im Wasserland – Magdalena mit Schwimm- flügeln – Katharina mit Schwimmhund
24.7.94 Kinder das erstemal im Meer baden
25.7.94 mit der Fähre nach Antwerpen – Katharina ist jetzt tagsüber schon richtig sauber und kann im »weiten Bogen« pinkeln!
15.8.94 1. Kindergartentag – die Freude ist groß
18.8.94 orthopädische Werkstatt – Anprobe Orthese
22.8.94 Magdalena impfen – abends 40 Fieber– sehr quengelig – Katharinas »besser-lauf« ist fertig
23.8.94 Magdalena Dr. Fuchs – Impfreaktion Katharina – dreimal Hose naß
24.8.94 Magdalena geht's besser – Katharina wieder platschnaß
25.8. 94 mit Katharina und Magdalena bei Johanna K-B
26.8.94 Katharina ganz trocken! Magdalena nachts oft wach
1.9.94 Katharina krank – Fieber – Bauchweh – Kopfschmerzen

ist sie's nicht? Und teilweise wurde natürlich auch getuschelt. Aber ich habe mir nichts daraus gemacht. Ich war mit Katharina oft in solchen Situationen. Wenn ich sie absaugen mußte, da sind Leute teilweise vor Maulaffen feilhalten vor Laternen gelaufen. Von daher macht mir das nichts mehr aus.

Gab es, ausgelöst durch die Sendung, besondere Reaktionen in Ihrem per- sönlichen Umfeld?

Christiane: Johanna, die beste Freundin von Katharina aus dem Kindergarten, hatte vor dem Film arge Schwierigkeiten mit dem Tod von Katharina. Wutanfälle, Zornausbrüche, die Frage nach dem Warum? Oder, daß sie tagsüber ruhig war und es schien, als wenn sie sich gefangen hätte, und abends, urplötzlich, saß sie in der Ecke und hat geweint ohne Ende. Wir sind oft hingefahren, einfach um ihr zu zeigen, es geht weiter, wir sind auch immer noch für dich da. Sie hat auch tatsächlich einmal gesagt: Ihr erzählt mir jetzt alle, die Katharina ist glücklich auf ihrem Stern, aber wie kann die mich dann hier alleine lassen, wo ich jetzt so traurig bin. Sie war rich- tig wütend auf Katharina, weil sie sich alleingelassen vorkam: Du kannst doch nicht weggehen, ich bin doch Deine

Freundin. Dir geht es jetzt gut da oben, aber mir geht es doch so dreckig.

Eigentlich hat sie das ausgesprochen, was wir alle in uns hatten. Du kannst doch jetzt nicht weggehen, das geht doch nicht. Wir haben doch noch so viel vorgehabt. Und auch diese Fragen an ihre Mutter: »Warum muß meine Freundin sterben? Ich bin kleiner als Du, ich bin viel jünger. Du hast doch noch Deine Freundin«. Als der Armin dann bei Johanna war, da war sie unglaublich stolz. Und sie hat das jetzt so verarbeitet, und das sagt sie auch, daß sie stolz ist, Katharinas beste Freundin gewesen zu sein. Sie kann sich da jetzt auch ihr Teilchen rausholen: Ich habe jemanden gekannt, der war in der Maus. Ich bin einfach stolz, ihre Freundin gewesen zu sein. Bei Johanna hatte ich den Eindruck, daß bei ihr durch die Sendung eine Veränderung vor sich gegangen ist, daß sie sich aufgefangen hat, durch diesen Film.

Wie alt ist Johanna?

Christiane: Sie ist jetzt acht.

Was Johanna in ihrer Trauer zum Ausdruck bringt, sind ja Emotionen, die wir als erwachsene Menschen genauso haben, aber oft nicht zulassen können.

Christiane: Ja sicher, ihr fehlt ja auch was. Bei Magdalena ist es nicht so gewesen. Sie hat sehr viel gespielt, sie ist ja auch sehr viel kleiner gewesen. Sie hat oft, wenn wir hier die Treppe hochkamen, an jeder Tür gefragt: »Wer wohnt da?« Und dann mußte ich aufzählen, bis wir hier oben waren. »Wer wohnt hier?« – »Mama, Papa und Magdalena.« – »Und meine Katharina!« Da legte sie Wert drauf. Und dann hat sie oft auf der Erde gelegen, Augen zu.

»Gucken, wie die Sonne ins Meer plumpst« – Katharina und ihre Mutter auf Texel

2.9.94 Katharina krank – nachts Magdalena und Katharina wach – viel absaugen

7.9.94 Katharina wieder im Ki-Ga – nachmittags sehr erschöpft – abends Fieber

9.9.94 Kirmes im Dorf – Katharina und Magdalena reiten auf Ponys – Katharina im »besser-lauf« am Fenster

20.9.94 Kindergeburtstag bei Melanie

23.9.94 Johanna K-B bei uns – Katharina 4 Wochen trocken!

26.9.94 Katharina abends 40 Fieber

29.9.94 Katharina geht es sehr schlecht – sie will, daß der Papa nach Hause kommt – nachmittags zum Dr. Fuchs – im Auto bewußtlos – fast gestorben – mit Notarztwagen zur Uni-Klinik – die Oberärzte wollen Katharina nicht beatmen! Lungenentzündung wäre die natürliche Konsequenz ihrer Erkrankung – Chefarzt ordnet sofortige Beatmung an – ausgerechnet heute kommt der E-Rolli! – ziemlich fertig – Magdalena bei Wessel

30.9.94 Magdalena bei Rosin – Katharina kämpft – »assistierte Beatmung« – sie ist sehr erschöpft, kann aber nicht richtig schlafen

1.10.94 Niko bringt Magdalena zur Oma – Katharina hat Bauchschmerzen – etwas besser – Sauerstoff runter – wir sind ohne Kinder allein zu Hause

10.10.94 Katharina keine Beatmung mehr – Sprechkanüle »Fischstäbchen«

11.10.94 immer wieder Bauchschmerzen und Fieber

12.10.94 Magdalena von Oma abgeholt – Katharina wird abends auf die KC16 verlegt! Aufzug geht nicht – wir müssen mit Katharina durchs kalte Treppenhaus und über den Hof laufen (mit Tropf)!!

13.10.94 E-Rolli fahren auf dem Flur – K. fühlt sich wie eine Königin

15.10.94 Magdalena ganzen Tag bei Svenja – Katharina abends total müde – viel draußen rumgefahren

16.10.94 Katharina geht's ganz gut

17.10.94 Katharina flitzt über die Station

19.10.94 Niko löst mich nachts ab – das erstemal wieder zu Hause geschlafen – EKG alles okay

21.10.94 Katharina wird entlassen! Barbies Traumschiff gekauft – Katharinas großer Wunsch

22.10.94 lange geschlafen – Katharina das erstemal mit E-Rolli einkaufen – Ateliereröffnung Gerd – K. abends sehr müde – Katharina ist sehr dünn geworden – sie wiegt nur noch soviel wie Magdalena

24.10.94 Katharina düst den ganzen Tag mit dem E-Rolli rum

Ich fragte: »Was machst Du da?« – »Ich spiel' tot.«

Wie hat Magdalena auf die Sendung reagiert?

Christiane: Nicht besonders. Es war für sie so, als würden wir ein Fotoalbum angucken. Wenn sie jemand erkannte, sagte sie: Ach, da ist die Johanna, das ist der Dr. Fuchs usw.

Wie denken Sie jetzt über das Leben und den Tod von Katharina?

Christiane: Für uns Eltern ist es einfach so: Sie hat uns eine Aufgabe gestellt, die wir zu lösen hatten in ihrem Leben, als sie bei uns war, und sie hat uns jetzt etwas hinterlassen, was wir gefälligst weiterzumachen haben. Ich bin auch stolz auf meine Tochter, daß sie so einen Eindruck hinterlassen hat. Nicht nur bei uns, sondern auch bei den vielen Zuschauern, deren Reaktion wir bekommen haben, oder bei Armin und bei allen Leuten, die mit dem Film in irgendeiner Weise etwas zu tun gehabt haben. Das ist schon toll. Ich empfinde es auch irgendwie als Dankeschön von Katharina an uns.

Wenn man sie wirklich mal kennengelernt hätte… Sie hatte eine Ausstrahlung, die was ganz Besonderes war. Magdalena ist auch was ganz Besonderes, aber was anderes Besonderes. Und so sehe ich das, daß sie uns einfach hier ein bißchen Arbeit hinterlassen hat, damit es uns nicht langweilig wird sozusagen.

Ich hatte den Gedanken, Katharinas Geschichte aufzuschreiben. Ich bin noch hin- und hergerissen. Einerseits fände ich es unheimlich gut, weil ich da auch ein bißchen meine Gedanken, mein ganz individuelles, persönliches Verhältnis zu Katharina beschreiben könnte. Und auch, daß wir ganz klare, aufgeteilte Sachen hatten, sonst hätte das gar nicht funktionieren können als Familie. Oder die kleinsten Fortschritte, wo ich denke, das muß noch einmal gesagt werden, daß wir von Katharina auch so unendlich viel gelernt haben.

Es gibt nicht nur die Seite, daß wir mit Katharina viel Arbeit hatten, daß wir zurückstecken mußten, daß wir vieles nicht machen konnten, daß mein Mann sich einen neuen Job suchen mußte, daß ich überhaupt nicht mehr arbeiten konnte. Da würden manche Leute sagen: oh Gott, oh Gott, was seid ihr doch für arme Leute. Nein, ich empfinde es heute nicht als schlimm oder als Unglück, daß Katharina geboren wurde. Ich habe von ihr unheimlich viel gelernt, wahnsinnig viel. Ich habe gelernt, Geduld zu haben, bei ihr ging nichts hopplahopp; das macht Magdalena dafür doppelt und dreifach wett. Es ging bei ihr immer darum, auf das Allerallerkleinste zu achten. Wenn Katharina früher nur die kleinste Bewegung gemacht hat, mußte man die auch wahrnehmen können. Es war ein Fortschritt. Vorher konnte sie das vielleicht noch nicht. Auf die Details zu achten, das habe ich gelernt. Katharina hat auch

Mit dem E-Rolli durch Omas Garten

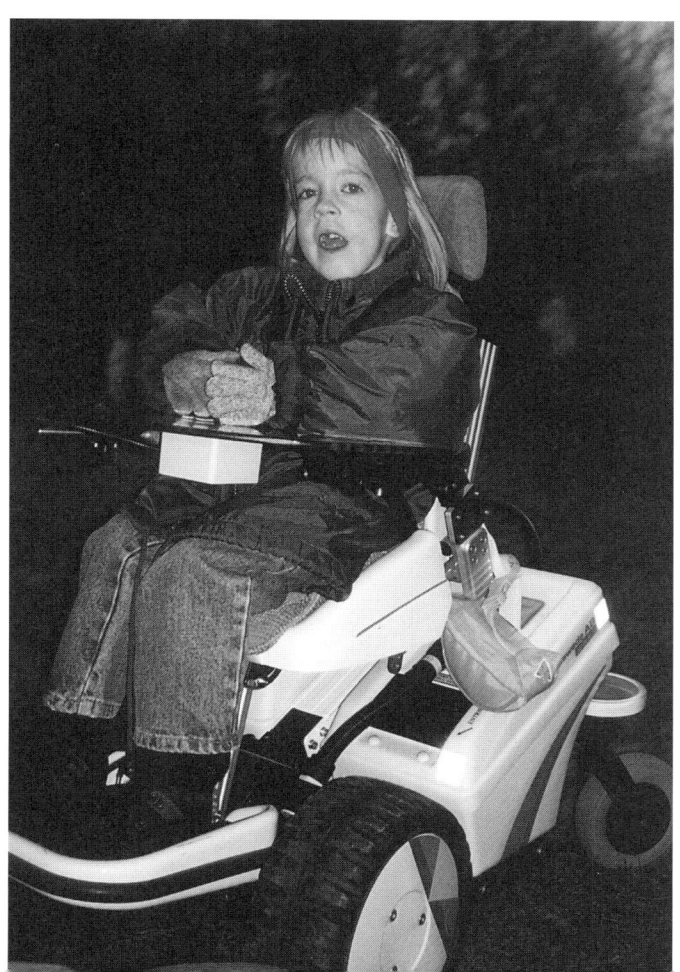

25.10.94 Dr. Fuchs – Leukos okay – Eisenwert zu tief
27.10.94 Johanna P. ruft an – Antrag auf Pflegestufe III
30.10.94 Wettrennen durch die Wohnung: E-Rolli, Bobbycar, Dreirad
31.10.94 Katharina geht wieder aufs Klo
3.11.94 Magdalena Fieber 39,1 – will nicht schlafen
4.1.94 Herbstfest Ki-Ga CRP = 3 (mit Schnupfen)
7.11.94 Martinszug Ki-Ga CRP = 1,4 – Dr. Fuchs
15.11.94 Katharina Uni-Klinik, Ultraschall
18.11.94 Oma kommt – 8 Uhr nüchtern KC16 – Braunüle legen –
CT- Abdomen - Chirurgie kein Ergebnis - CRP = 1,6
29.11.94 Dr. Fuchs, Blut abnehmen – Leberwerte
1.12.94 Blutwerte unauffällig – K. darf am Montag in den Kindergarten
5.12.94 Katharina wieder im Kindergarten
19.12.94 Magdalena macht Häufchen auf Klo! K. krank – Magen-Darm
29.12.94 Magdalena 1/2 Tag ohne Pampers
1.1.95 Katharina ist jetzt 6 Jahre alt!
2.1.95 Anrufe für Katharina von Johanna und Johanna
7.1.95 Katharina Kindergeburtstag – Johanna, Johanna und Melanie
hier
9.1.95 Magdalena U7 – kerngesund Katharina 1. mal Kindergarten
13.1.95 Dr. Fuchs, CRP = 1,5 – Leukos rückläufig – kaum geschlafen –
Katharina bricht die ganze Nacht
14.1.95 Katharina etwas besser – Fieber, bricht noch einmal
16.1.95 Katharina zum Kindergarten – Magdalena nachts Fieber
21.1.95 Kindergeburtstag Johanna K-B
22.1.95 Magdalena ist nun 2 Jahre alt
26.1.95 Johanna P. mit bei uns
27.1.95 Niko mit K. einkaufen – ich mit Magdalena im Schloßpark
28.1.95 Katharina bricht wieder nachts
29.1.95 Katharina bricht immer noch – Fieber
30.1.95 Katharina noch Fieber – sie verliert Unmengen von Haaren
31.1.95 Dr. Fuchs
1.2.95 mit beiden Kindern bei Katharinas Freund Benedikt
3.2.95 Niko bringt Katharina zum Kindergarten – abends hat K.
tierische Bauchschmerzen
4.2.95 Katharina sehr müde – hohes Fieber
5.2.95 Niko mit Katharina zur Uni-Ambulanz
6.2.95 Dr. Fuchs – wieder Antibiotikum – Katharina 40,1 Fieber –
Magdalena nervig
7.2.95 Katharina geht's besser
8.2.95 Schulanmeldung Katharina – kein Fieber mehr
9.2.95 Dr. Fuchs – Blutbild – nach H.

so viel über ihre Sinne gemacht, da sie sich nicht bewegen konnte. Ich habe manchmal gedacht: Mensch, ist die romantisch. Sie hat mir manchmal Dinge gezeigt, die habe ich überhaupt nicht gesehen! Weil sie den Blick dafür noch hatte!

Niko: Bei Katharina ging alles über den Kopf. Sie konnte ja nicht rumlaufen, deswegen hat sie alles bewußter wahrgenommen. Katharina wußte immer – was meine Frau eben schon mal erwähnt hat – wenn man irgendwo etwas hingelegt hatte.

Christiane: Obwohl sie nicht hinter mir herkommen konnte. Wenn ich was verlegt habe, fragte ich sie: »Sag mal, kannst Du mir sagen, wo Du das zuletzt gesehen hast?« Oder sie sagte: »Mama, was suchst Du?« – Ich: »Das und das.« – »Guck doch mal da und da.« Da lag's dann auch, schlicht und ergreifend. Das sind einfach Sachen, die ich ganz gerne noch einmal festhalten möchte. Mein »Tagebuch«, in dem ich ihr gesammeltes Leben anhand von Daten, Terminen und einem zeitlichen Ablauf festgehalten habe, ist mein Rahmen, auf dem ich aufbauen kann.

Niko: Ich hab' ihr ja mal gesagt, sie soll diese Daten ruhig einmal weiterverarbeiten.

Christiane: Ja, das kann ich aber nur machen, wenn Magdalena im Kindergarten ist. Sonst habe ich keine Ruhe dazu. Und dann habe ich noch was anderes vor…

Niko: …Jetzt mal wieder in den Job kommen. Als Sozialpädagogin hat sie ja auch die Zeit mit Katharina gearbeitet, nur so etwas wird einem ja gar nicht angerechnet. Wenn man jetzt wieder ins Berufsleben wollte, einen halben Tag…

Sind Sie derzeit auf Job-Suche?

Christiane: Nein, noch nicht. Ich würde ganz gerne Beratungsgespräche für Eltern mit behinderten Kindern machen. Aber im Moment habe ich den Kopf noch nicht so frei, und will ich auch gar nicht haben. Im Beratungsgespräch kann ich aber nicht auf einmal, weil mich eine Situation an Katharina und an unsere Familiensituation erinnert, heulend rausrennen und sagen, ich komme in einer Viertelstunde wieder. Wenn ich wieder arbeite, muß ich das professionell tun können. Dann kann ich meine eigenen Emotionen als Erfahrung einbringen, aber ich kann niemanden in einem Beratungsgespräch damit konfrontieren. Deshalb – auf der Suche noch nicht.

Katharina im Februar 1996 -
»Tja, so ist das Leben«

13.2.95 Uni-Klinik – Katharina Ultraschall – ich krank

17.2.95 MDK hier – keine Pflegestufe III – können sie bei Kindern vergessen!!!

23.2.95 Kindergartenausflug – Katharina mit E-Rolli unterwegs

24.2.95 Karneval im Ki-Ga

27.2.95 mit den Kindern zum Rosenmontagszug in M.

6.3.95 Uni-Klinik – Czintigraphie – Katharina ist schlecht

7.3.95 nochmals Czintigraphie – Katharina geht's gar nicht gut

8.3.95 nachmittags KC16

10.3.95 Uni-Klinik – Katharina geht's besser – mit Oma und Magdalena bei K., M. abends zur Oma gebracht

11.3.95 Katharina nachts nur abgesaugt

12.3.95 Johanna P. besucht Katharina – K. geht's gar nicht gut

13.3.95 Katharina hat sich jetzt auch noch eine Lungenentzündung gefangen – Angst, daß wieder nicht behandelt wird – Dr. Mandl beruhigt

14.3.95 Katharina geht's schon wieder besser – alle Ärzte erstaunt

16.3.95 Johanna K-B besucht Katharina

21.3.95 Entlassung – noch bei den Chirurgen – wissen von nichts! – abends mit K. ital. Essen

24.3.95 alle einkaufen – Katharina ziemlich frech, aber gut drauf

27.3.95 Katharina wieder im Kindergarten

28.3.95 mit Magdalena zur Kindergruppe

31.3.95 »Peterchen« in der neuen Kinderklinik besucht

1.4.95 mit Katharina in der Badewanne

2.4.95 Ausflug zum Flughafen und im Eiscafé – Magdalena sehr verschnupft

8.4.95 Johanna P. hier

9.4.95 alle in der Badewanne

12.4.95 Osterfeier im Ki-Ga

18.4.95 Osterfrühstück Kindergruppe – Katharina Kindergarten – Dr. Fuchs – alles okay – CRP = unter 0,5 – Kindergruppe – Uni-Klinik, »Peterchen« besucht

21.4.95 Magdalena Bindehautentzündung

12.5.95 Chirurgie – Ambulanz Katharina

18.5.95 Kindergartenausflug

27.5.95 mit Katharina und Rosina essen gegangen

12.6.95 mit Katharina mit Fahrrad zu Dr. Fuchs – alle Werte okay

20.6.95 Kindergartenausflug mit Übernachtung – Katharina hat im Kindergarten geschlafen bzw. die ganze Nacht gequasselt!!

21.6.95 Katharina um 10 Uhr abgeholt – sie fand's toll! Sie ist sehr müde – beide Kinder Mittagsschlaf – Zivi Michael stellt sich vor – Katharina müde und quengelig

22.6.95 Johanna P. hier

23.6.95 Ki-Ga Sommerfest – Abschied für die »Schulkinder«

30.6.95 Kindergeburtstag Johanna P.

30.7.95 Abfahrt nach Texel

5.8.95 Rundflug mit Katharina über Texel!

Als sich die Eltern zusammen mit den Ärzten entschlossen, nach drei Wochen auf der Intensivstation Katharinas Beatmungsgeräte abzustellen, hielt der Klinikpastor, Herr Höfermann, eine Nottaufe ab. Nachdem Katharinas Gesundheit sich zunehmend verbesserte und sie später sogar die Klinik verlassen konnte, war sie ihm so sehr ans Herz gewachsen, daß er sie zu jedem Geburtstag besuchte.

Pastor Wilfried Höfermann:

Bevor ich Katharina taufte – ein Kind, von dem ich nicht wußte, ob es in der nächsten Viertelstunde noch lebt –, und die Eltern sehr aufgeregt und zugleich sehr traurig vor mir standen, weil sie erleben mußten, daß ihr Kind in Lebensgefahr war, obwohl sie dachten, daß sein Leben gerade erst anfängt, fragte ich mich, wie sie jetzt wohl über Gott denken. Ich wollte kein Kind taufen, während Vater und Mutter dabeistanden und innerlich Wut auf Gott hatten. Das wollte ich vorher wissen, weil ich die Wut sehr gut verstehen konnte. Sie sagten, daß sie zwar wütend seien, aber sie wollten, daß Katharina getauft wird.

Wenn ich nach meinem eigenen Tod Gott treffen würde, hätte ich auch eine ganze Menge Fragen an ihn. Eine davon wäre sicher: Warum er zum Beispiel Katharina so jung sterben ließ. Leben bedeutet auch, mit der Erfahrung zu leben, einen Menschen zu verlieren, den man sehr liebt. Oder man ist froh, gesund zu sein, und dann geschieht es, daß ein Arm oder ein Fuß weggenommen wird, oder jemand ist von Anfang an behindert, wie Katharina es war. Wenn ein Mensch eine Lieblingssache, einen geliebten Menschen oder einen Teil von sich selber verliert, muß er einen Verlust gegen alle Fasern seines Lebenswillens erleiden. Das ist schwer. Ich glaube aber, daß auf dem Grund, ganz unten auf dem Boden eines solchen Verlustes, auch etwas Gutes zu finden ist. Und weil ich das glaube, übe ich, das, was verlorengeht, loszulassen; mich von Herzen auf diesen guten Grund hinunterzulassen, auch wenn von dem überhaupt noch nichts zu sehen ist. Loslassen möchte ich aber nicht erst dann üben, wenn etwas verlorengeht in meinem Leben. Das möchte ich auch schon üben, wenn ich noch alles habe: Sachen, Menschen, meinen gesunden Körper. Schon dann möchte ich daran denken, daß ich das alles nicht ewig behalten werde. Es ist mir nur vorübergehend geliehen. Wenn ich alles innerlich loslasse, werde ich mich um so intensiver daran freuen, solange ich es habe.

Katharina hat viel von all dem gewußt oder gespürt. Deshalb konnte sie trotz ihrer geringen Körperkraft und angesichts des Todes ihre wenigen Jahre intensiv und fröhlich leben. Wo Katharina jetzt ist, ist ein Geheimnis. Aber so viel weiß ich: Sie ist auch im Herzen ihrer Eltern. Ihre Mutter sagt: »Katharina war nicht nur meine Tochter, sie war auch meine Freundin.« Katharina ist auch im Herzen ihrer Freundin Johanna, wenn die Freundin Katharinas Plüschtier sieht, das sie nach Katharinas Tod geschenkt bekam. Katharina ist auch in meinem Herzen. Mein Herz sieht immer noch die Augen von Katharina, die Leben und Tod gesehen haben.

23.8.95 nach langem Hin und Her – Katharina kommt in die Schule nach H.!!

29.8.95 Katharinas erster Schultag – Klasse 1 a

8.9.95 Katharina in die Hose gemacht – Johanna da

9.9.95 Katharina zweimal in die Hose gemacht – Kirmes – beide Karussell gefahren

11.9.95 Katharina macht nur mit größter Anstrengung Hausaufgaben

14.9.95 Katharina ist nun endlich in der Pflegestufe III!

30.9.95 Zivi Michael fängt an – Katharina kommt gut mit ihm klar

1.10.95 Niko fährt allein mit den Kindern nach Hamm – ich habe frei!!

27.10.95 REHA-MESSE – voll, nervig – mit Michael

8.11.95 Martinszug Schule mit allen

9.11.95 Martinszug B.

23.11.95 Katharina, Uni-Klinik – Michael paßt auf Magdalena auf

24.11.95 7.30 Uhr Chirurgie OP – Intensivstation Beobachtung – alles okay

25.11.95 Verlegung nach KK01 – Katharina geht's schon wieder gut

27.11.95 Katharina fährt schon wieder E-Rolli

29.11.95 Katharina Entlassung

1.12.95 Dr. Fuchs – alles okay

3.12.95 kein Antibiotikum mehr

6.12.95 Katharina zur Nikolausfeier in der Schule

9.12.95 Katharina Fieber – nachts Uni-Ambulanz CRP = 7,9

11.12.95 Katharina geht's wieder gut

18.12.95 Katharina Schule

19.12.95 Katharina krank – CRP = 8,5

24.12.95 Weihnachten in B. – Katharina krank

1.1.96 Katharinas 7. Geburtstag

8.1.96 1. Schultag

13.1.96 Katharina Kindergeburtstag – Johanna und Johanna und Lisa-Maria

22.1.96 Magdalenas 3. Geburtstag – Katharina schmeißt ihren Nuckel weg

1.2.96 Dr. Fuchs – Magdalena Kindergruppe

7.2.96 Schulausflug zum Theater – sehr schön, aber sehr anstrengend, da ohne E-Rolli

8.2.96 Uni-Klinik mit Katharina – Frau W. besucht

9.2.96 mit K. einkaufen – M. bei Barbara, wie die anderen Tage auch – Johanna K-B hier

11.2.96 Ausflug zum Rheinturm, Eisessen

16.2.96 Karneval in der Schule – CRP = 12,7

20.2.96 Michael wieder da

27.02.96 CT

2.3.96 Katharina bekommt Ohrlöcher

7.3.96 Bronchoskopie – alles okay – nicht so verengt, wie gedacht

8.3.96 Katharina zur Schule

9.3.96 Maus, Elefant und Ente gebastelt – Katharina bastelt Maus-Lesezeichen

10.3.96 Katharina tot

14.3.96 Katharina Beerdigung – Magdalena krank – Fieber, Mittelohrentzündung

GESPRÄCHE MIT KATHARINAS ÄRZTEN

KINDERARZT DR. FUCHS

über seine kleinen Patientinnen und Patienten und deren Eltern, den Film und sein persönliches Erleben von Katharinas Tod

Herr Dr. Fuchs, Sie hatten nach der Ausstrahlung von Katharinas Lebensgeschichte in der „Sendung mit der Maus" verschiedene Reaktionen von Patienten in Ihrer Praxis.

Dr. Fuchs: Ich habe sicher über hundert Rückmeldungen auf diese Sendung bekommen. Viele Kinder - und oft auch Eltern oder Großeltern -, die in die Praxis kommen, sehen die *Sendung mit der Maus*. Es hat mich überrascht, daß es so viele sind.

Was wurde Ihnen über die Sendung mit Katharina erzählt?

Dr. Fuchs: Die meisten fanden es sehr gut, daß die Themen »Leben mit einer schweren Behinderung« und »Tod« so direkt angesprochen und daß in so kurzer Zeit viele Eindrücke vermittelt wurden. Der Film hat sehr nachdenklich gemacht und in vielen Familien zu langen Gesprächen angeregt. Plötzlich wurde über etwas gesprochen, worüber nur selten geredet wird und mit dem wir Erwachsenen doch oft größere Probleme haben als die Kinder.

Wie haben die Kinder reagiert?

Dr. Fuchs: Die Zwei- bis Dreijährigen verfolgen eine halbstündige Sendung nicht durchgängig und erfassen eine Geschichte noch nicht. Vier- bis sechsjährige Kinder hingegen entwickeln durchaus ein eigenes Interesse an den Themen Behinderung und Tod. Vor allem, wenn sie in ihrer eigenen Familie schon die Erfahrung mit dem Tod machen mußten. In einem Fall weiß ich ganz konkret, daß die Sendung sehr gut dazu beigetragen hat, mit der eigenen Trauer um den Großvater besser umzugehen.

Meiner Ansicht nach hat der Film aber in erster Linie gezeigt, daß es einfach lebenswert sein kann und daß es auch lohnend ist, ein Leben mit einer Schwerstbehinderung zu leben und zu begleiten.

Haben Sie auch kritische Stimmen zum Film gehört?

Dr. Fuchs: Kaum. Vereinzelt wurden Bedenken geäußert, ob man den Kindern das Thema Tod zumuten darf. Aber meines Erachtens steckt dahinter meistens die Angst der Eltern, sich auf ein solches Thema einzulassen.

Daß Kinder – ausgelöst durch die Sendung – Fragen stellen würden, war natürlich vorhersehbar.

Dr. Fuchs: Ja. Und Kinder sind sehr direkt und geben erst auf, wenn sie mit einer Antwort zufrieden sind. So sind in vielen Familien wertvolle Gespräche entstanden. Das habe ich häufig gehört. Es ist beeindruckend, wieviel eine halbe Stunde Fernsehen auslösen kann.

Was wurde genau erzählt?

Dr. Fuchs: Viele Kinder waren traurig und haben geweint. Manchmal hatten Eltern Schwierigkeiten mit den Reaktionen ihrer Kinder. Ich ermunterte sie, sich auf die Situation einzulassen und einfach das zu sagen, was sie denken.

Eltern gesunder Kinder empfanden ihre eigenen »Probleme« nach der Sendung oft als weniger schwerwiegend.

Das Bild der toten Katharina, das in der Sendung gezeigt wurde und das einige Zuschauer irritiert hat, war offensichtlich eher ein Problem für die Erwachsenen. Ich habe von keinem Kind gehört, das damit Schwierigkeiten hatte.

Wurden Sie nach der Sendung auch von Kindern direkt angesprochen?

Dr. Fuchs: Ja. Ein Mädchen fragte z.B., wo Katharinas Grab sei. Sie wollte ihr gerne Blumen vorbeibringen.

Als Katharinas Eltern sich Gedanken darüber gemacht haben, ob sie den Film über Katharina machen möchten oder nicht, haben sie auch Sie nach Ihrer Meinung gefragt ...

Dr. Fuchs: Eigentlich war mit der Frage schon klar, daß sie sich darauf einlassen würden. Vielleicht ahnten sie, daß es eine seltene Gelegenheit sein könnte, sich mit Katharinas Tod auseinanderzusetzen und darüber ins Gespräch zu kommen. Für Katharinas Eltern war der Film ein einmaliges Angebot, mit einer Trauerarbeit nicht allein gelassen zu werden, sondern sich durch die Produktion des Films auch konkret damit befassen zu können. Sie waren ja bei der Auswahl und dem Zusammenschnitt der Videos, in denen sie Katharina auch immer wieder gesehen haben, ständig mit ihrer Situation konfrontiert.

Trauerarbeit nach dem Tod eines schwerbehinderten Kindes, das Tag und Nacht umsorgt werden mußte, ist ja auch deshalb besonders schwer, weil sich der gesamte Lebensrhythmus plötzlich ändert. War vorher jeder Tag bis ins Detail auf das Kind abgestimmt, stehen die Eltern auf einen Schlag vor einer völligen Leere.

Ich denke, daß der Film auch für viele Familien, die sich in einer ähnlichen Situation befinden, ganz wichtig sein kann: Indem Katharinas Eltern über das sprechen, was sie durchgemacht haben, können sie auch vielen anderen Anregungen geben und damit helfen.

Welchen Eindruck hat Katharina als Patientin bei Ihnen hinterlassen?

Dr. Fuchs: Katharina hatte eine schwere Muskelerkrankung, mit der sie nach der Geburt kaum Überlebenschancen besaß. Aber sie hat es geschafft, Intensivstation und Krankenhaus zu verlassen und einige Jahre in ihrer Familie zu verbringen. Sie wollte leben! Es ist beeindruckend, so einen starken Willen zu spüren. Und obwohl sie immer wieder zu längeren Aufenthalten in die Klinik mußte, hatte sie doch eine schöne Zeit zu Hause.

Als Katharina vier Jahre alt war, wäre sie beinahe schon einmal gestorben...

Dr. Fuchs: Ja. Als sie von ihrer Mutter schwerkrank – mit schneller und kurzer Atmung und sehr angstvollem Gesichtsausdruck – in die Praxis getragen und von dort mit dem Notarztwagen sofort ins Krankenhaus gebracht werden mußte. Aber sie hat überlebt.

Sie kommen – durch Ihren Beruf bedingt – häufiger als andere mit dem Tod von Kindern in Berührung. Hat Katharinas Tod Ihre Einstellung zu Leben und Tod in irgendeiner Weise verändert?

Dr. Fuchs: Dadurch, daß ich die Möglichkeit hatte, gemeinsam mit ihren Eltern und der kleinen Schwester Abschied von ihr nehmen zu können, war dies sicher ein ganz besonderes Erlebnis für mich. Katharinas Vater hatte mich am Morgen ihres Todes angerufen und mir gesagt, daß Katharina gestorben sei. Und da es ein Sonntag war, hatte ich die Möglichkeit, mehrere Stunden mit der Familie zusammen zu verbringen.

Waren Sie mit Katharina und ihrer Familie alleine?

Dr. Fuchs: Ja. Der Notarzt war schon wieder gefahren. Katharina lag in ihrem Bett, so wie sie am Morgen vorgefunden wurde. Magdalena holte ihr Arztköfferchen und wollte ihre Schwester selber noch einmal untersuchen. Wir sind zusammen hingegangen und haben ihr die Augen zugestrichen. Katharinas Mutter machte sich Vorwürfe, daß sie sie nachts nicht gehört oder sonst etwas falsch gemacht habe. Solche Gedanken kommen Eltern, deren Kinder plötzlich sterben, fast immer. – Wir haben lange miteinander geredet und uns viel Zeit gelassen, bis wir dann den Leichenbestatter angerufen haben.

Diese Stunden mit ihrer Familie waren eine sehr wertvolle Erfahrung, die ich allen Eltern, die den Tod ihres Kindes erleben müssen, wünsche: zu Hause und in Ruhe Abschied von einander nehmen zu können.

Carlotta (5) aus Düsseldorf

PROF. DR. VOIT

über die Reaktionen auf die Sendung über Katharina und seine Arbeit mit schwerstbehinderten Kindern und deren Familien ...

Herr Prof. Voit, Sie behandeln als Spezialist für Muskelerkrankungen in der Pädiatrie viele schwerstbehinderte Kinder, die zum Teil auch ähnliche Erkrankungen haben wie Katharina. Welche Reaktionen auf die Sendung mit Katharinas Geschichte haben Sie in Ihrer Praxis bekommen?

Prof. Voit: Ich habe ganz vielschichtige Reaktionen auf die Sendung über Katharina bekommen.

Eine große Gruppe bei mir in der Klinik war sehr betroffen und besorgt. Das waren Eltern, die selber ein Kind mit einer neuromuskulären Erkrankung haben. Sie hatten die Sendung wahrscheinlich unvorbereitet gesehen, denn ich hatte niemandem etwas davon gesagt und sie sahen sich plötzlich der Frage ausgesetzt: Müssen wir jetzt fürchten, wenn wir morgens ins Zimmer unseres Kindes gehen, daß es tot da liegt? Ich habe eine größere Gruppe von Patienten, bei denen man realistisch sagen muß, natürlich kann das auch passieren. Also insbesondere Kinder mit einer spinalen Muskelatrophie, die überwiegend im Rollstuhl sind und ein-, zweimal im Jahr oder noch häufiger in die Klinik müssen, wenn sie z.B. eine Lungenentzündung haben, und die bei jedem pulmonalen Infekt, den ein Gesunder als Husten in zwei Wochen übersteht, in die Klinik müssen und die dann immer schon auf des Messers Schneide stehen. In den Gesprächen zeigte sich aber, daß sie die Befürchtung schon immer hatten. Die Sendung hat das mobilisiert.

Und auch, daß es dazu gekommen ist, daß Mutter und Vater miteinander über ihre Ängste sprechen, die sie selber ein Stück weit tabuisiert hatten. In diesen Fällen ist es sicher ein normales Umgehen mit einer bedrängenden und beängstigenden Situation, wenn Eltern, die sowieso ständig mit der Sorge um ihr Kind leben, diese ultimative Angst – unser Kind könnte ja auch sterben – in den Hintergrund stellen. Und dafür die Alltagsängste – Kommt wieder ein Infekt? Schafft sie die Schule? – in den Vordergrund rücken.

Wie haben es die Eltern denn geschafft, mit diesen durch die Sendung vergegenwärtigten Ängsten umzugehen?

Prof. Voit: Sie haben mir erzählt – und zwar mehrere und unabhängig voneinander –, daß sie in den nächsten zwei bis drei Wochen jeden Morgen geguckt haben. Und dann haben sie irgendwann festgestellt: Das Leben ist eben so, wie es ist. So wie es vorher auch war. Es handelt sich ja um keine irreale, sondern eine reale Angst, aber dadurch, daß man sich jetzt verrückt macht, ist sie auch nicht besser zu bewältigen. Die Eltern sagten mir auch – nicht alle einhellig, aber mehrere –, daß es ihnen doch geholfen hat, mit den Gedanken offen umzugehen und diese Realangst zu bearbeiten. Aber sie hatten auch Nachbearbeitungsbedarf in der Sprechstunde und wollten mit mir darüber sprechen. Also für

Eltern, für die das eine reale Lebenssituation ist, war der Film schon ein großer Mobilisator.

Was diese Eltern allerdings auch gesagt haben – und das war eine ganz einhellige Meinung –, war, daß ihnen die zentrale Botschaft des Filmes, also nicht nur Umgang mit dem Tod, sondern auch der Umgang mit dem Leben eines behinderten, eines a priori behinderten Kindes, sehr gut gefallen hat und daß sie diese Darstellung für sich bestätigen würden, weil sie es in ihrem Alltag genauso erleben. Selbst mit Kindern, die – im Vergleich zur schlechten Ausgangssituation – nicht so große Fortschritte gemacht haben wie Katharina.

Ich glaube, daß die graduelle Abstufung für das grundsätzliche Umgehen und das grundsätzliche Sicheinstellen auf ein Kind nur eine untergeordnete Rolle spielt. Die Kernfrage ist, ob man sein Kind liebt und eine positive Einstellung dazu entwickeln kann, oder ob man ein behindertes

Leben überhaupt nicht akzeptieren kann. Diese Haltung gibt es auch. Ist gar nicht selten bei uns. Und die Eltern, die das akzeptieren und sich darauf einlassen, sind ganz bereit, so eine positive Einstellung zu entwickeln wie Katharinas Familie das getan hat. Nicht alle können das mit so viel Kreativität und Inbrunst umsetzen und mit so viel Leben füllen. Aber die Grundeinstellung, die gibt es, und den Weg dorthin kann man als Arzt auch ein bißchen mit beeinflussen.

Wie machen Sie das?

Prof. Voit: In Gesprächen. Ich versuche, von Anfang an den Eltern gegenüber sehr ehrlich und sehr offen zu sein. Und gerade solche Probleme wie: Wie ist die Prognose? Kann unser Kind sterben? – ganz offen anzusprechen. Und wenn ich merke, daß diese Angst ein latentes Thema ist, spreche ich es auch von mir aus an. Ich frage sie, ob sie selber darüber schon einmal nachgedacht haben, wie sie darüber denken und wie sie das selber sehen. Bei vielen der stark betroffenen Kinder stellen sich die Fragen automatisch spätestens dann, wenn es darum geht, ob man therapeutische Maßnahmen, die für das Kind auch mit Schmerzen verbunden sind, wie eine orthopädische Operation, vornehmen soll. Da muß man über die Ziele, die man sich setzt und für das Kind gerne hätte, ganz offen sprechen und in eine Relation zum Leben setzen. Auch zum familiären Hintergrund: Ein Kind kann so was nur durchstehen und positiv verarbeiten, wenn es selber will, und die kleinen Kinder haben einen sehr ausgeprägten Willen und verstehen häufig – wenn sie nicht geistig beeinträchtigt sind – ihre Situation glasklar.

Hat Katharina solche Entscheidungen aktiv mitgetragen?

Prof. Voit: Absolut. Die wollte stehen. Und das ist es, was entscheidend ist. Es gibt sicher Grenzbereiche bei Zwei- bis Dreijährigen, bei denen man nicht warten kann, bis sie zustimmen können, aber ansonsten versuche ich, die Kinder immer mit einzubeziehen. Es ist ihr Körper, und die Eltern – wenn sie es gut machen – tun das auch.

Das ist der eine Punkt, aber ich wollte nochmals zurück zu dem: Wie macht man das? Wir stellen ja immer Expertenwissen zur Verfügung, aber das ist auch ein endliches Wissen, mit vielen Unwägbarkeiten behaftet, und ich versuche so gut es geht, auch mit der Differenzierung, die eben jeweils möglich ist, es den Eltern so weiterzugeben, daß sie es selber handhaben können. Bei diesen seltenen Erkrankungen, die aber doch viel Wissen benötigen, werden die Eltern mit der Zeit kompetenter in der Betreuung ihres Kindes, und sie wissen mehr über die Krankheit als der durchschnittliche Arzt, aber auch häufig mehr als viele Experten. Sie verstehen ihr Kind sehr gut in seiner Gesamtdynamik, was dem Arzt, der das Kind nicht vierundzwanzig Stunden am Tag begleitet, fremd ist.

Deswegen habe ich die Einstellung, daß alle Befunde, die es gibt, in die Hände der Eltern gehören und letztendlich auch die Verantwortung bei ihnen und dem Kind liegt. Nicht mit dem Ziel, von mir aus die Verantwortung loszuwerden, sondern mit dem Ziel, die Eltern kompetent für diese Situation zu machen. Sie werden im Laufe einer solchen Krankheitskarriere eines Kindes und einer Familie mit ganz vielen verschiedenen Ärzten zu tun haben, und es fällt ihnen leichter, wenn der Ruhepol in dieser ständigen Bewegung sie selber sind, weil sie mit guter Kompetenz ausgestattet sind. Die Verarbeitung von Ängsten und von unterschiedlichen Auskünften gelingt viel besser, wenn man sie nicht so sehr arztlastig macht und sich selber als der Megamogul des Wissens darstellt, der man sowieso nicht ist.

Der Arzt kann nur beitragen. Er kann sicher helfen, indem er ein Gesprächspartner ist für die Probleme und Nöte, und manchmal weiß er auch etwas Wichtiges oder auch etwas Kluges über die Krankheit, aber er kann die Krankheit nicht übernehmen, die hat das Kind; und er kann auch die Last als solche nicht von der Familie nehmen. Er kann auch nicht das Glück für sie entwickeln. Er kann ihnen nur helfen. So, denke ich, bin ich auch mit den Situationen der betroffenen Familien umgegangen, soweit ich das kann. In dem Sinne glaube ich schon, daß es ihnen letztendlich sehr viel weiter hilft. Aber das ist ein schwieriger Weg. Ganz anders ist es bei den Eltern, die gesagt haben: Unsere Kinder waren so fasziniert von der Sendung.

Kinder, die eine eigene Behinderung haben?

Prof. Voit: Nein, Kinder, die wegen einer Krankheit kommen, die man gut medikamentös behandeln kann und die damit eigentlich im Griff ist, und die sie daher nicht als Krankheit erleben. Die zum Beispiel eine gut eingestellte Epilepsie haben und normal in die Schule und auch auf das Gymnasium gehen. Die total integriert sind, aber die regelmäßig für Medikamentenspiegel und Verlaufskontrollen kommen. Die haben sicher eine gewisse Krankheitserfahrung, aber wenn Sie sie fragen würden, nicht sagen: Ich habe eine Krankheit. Sie sagen: Ich habe ein Problem, aber es ist gut im Griff. Das unterscheidet mich nicht wesentlich von den Gesunden, es definiert mich nicht als einen Kranken.

Solche Leute und auch Kollegen haben mich angerufen und erzählten, es sei unglaublich gewesen, wie ihre Kinder auf diese Sendung eingestiegen wären. Sie hatten Gesprächsbedarf und ganz groß war die Frage: »Gibt es ein Video von der Sendung, können wir das noch mal sehen? Die Kinder haben so viel gefragt. Sie haben uns richtig gelöchert.«

Welche Fragen haben die Kinder gestellt?

Prof. Voit: Die Kinder haben gefragt: Was hat das Mädchen für eine Krankheit? Warum ist sie gestorben? Wie ist sie gestorben? Sind die Eltern jetzt traurig? Die einfachen Fragen. Ich glaube, ein entscheidender Punkt der Sendung war, daß der Tod einfach real da war. Im Gegensatz zu einem Western z.B., wo 20 Menschen erschossen werden, aber das ein Teil des Spiels ist und der Tod eben nicht real da ist.

Bei der »Geschichte von Katharina« war es wirkliches Leben und die Kinder konnten sich nahtlos identifizieren mit diesem Mädchen, obwohl es ein behindertes Mädchen war, was etwas sehr Besonderes ist. Ich glaube, da spielte auch die Schilderung, wie es zu diesem Film überhaupt gekommen ist, eine große Rolle: Daß die Familie und Katharina die *Maus* kannten, Briefe an die *Maus* geschrieben hatten, Lust am Leben hatten. Das kennen die Kinder selbst. Sie gucken auch die *Sendung mit der Maus*, überlegen sich Fragen und schreiben Briefe hin oder wollen mitmachen. Das ermöglicht die Identifikation – auch für gesunde Kinder. Und dann kommt der Bruch durch Katharinas Tod.

Ich denke, ein Grundproblem ist, daß unsere Tabuisierung von Tod, vor allem beim Tod von Kindern, auch damit zusammenhängt, daß er in der Familie nicht mehr erlebt wird, weil wir keine großen Familien mehr haben. Dem Franzl Schubert sind neun seiner Geschwister gestorben. Da war der Tod von Kindern etwas Gängiges in einer Familie. Tod bedeutete, einen Teil des Lebens zu erleben. Man hat sein eigenes Leben als derjenige, der dann weiterleben darf, durch diese Erfahrung sicher auch anders erlebt. Und das gibt es bei uns heute in unseren kleinen Kernfamilien nicht oder nur sehr selten. Und dann eben nicht als etwas, was sehr lange und sehr bewußt in der Familie erlebt wird.

Einige Zuschauer waren sehr entsetzt über den Anblick des toten Mädchens im Film.

Prof. Voit: Wobei ich in dieser Hinsicht wenig Rückmeldungen gehört habe. Was ich von verschiedenen Seiten gehört habe, ist, daß die Kinder gesagt haben: »Mama, komm mal schnell gucken. Papa komm!« und ganz viel Diskussionsbedarf hatten. Und schon während der Sendung Bedarf hatten, die Dinge zu besprechen.

Aus einer Neugier, einem Interesse an der Welt oder aus einer Angst heraus?

Prof. Voit: Ich glaube aus beidem. Es ist eine Mischung, weil der Tod etwas ist, was vorhanden ist, den Tod gibt es ja. Auch Kinder erleben, daß es den Tod gibt, und sie hören es auch im Alltag: »Schnall dich an im Auto, sonst … wenn wir einen Unfall haben.« Das Thema als solches gibt es ja schon, nur nicht als reales Erleben in einem Kinderleben, oder nur selten, relativ selten.

Wieviele Kinder haben schon ein krankes Geschwisterkind und erleben so was als Teil ihrer Familiensituation? Sicher eine Minderzahl. Und ich glaube, wichtig ist, wenn ein Film so was so stark transportiert wie dieser Film, daß die Umgebung in der Lage ist, das auf eine Weise aufzufangen und zu bearbeiten.

Manchen Eltern fiel es schwer, mit den Reaktionen ihrer Kinder umzugehen. Wenn sie weinten oder nicht ins Bett gehen wollten, weil sie Angst hatten, dann zu sterben. Diese Ängste wurden auch von gesunden Kindern formuliert.

Prof. Voit: Es ist eine grundsätzliche Frage, ob es die Aufgabe einer Sendung oder eines Filmemachers ist, emotionale Erziehung zu vermitteln. Natürlich kann man nicht nur Fragen aufwerfen und sie unbeantwortet im Raum stehen lassen. Ich finde, der Film hat in sich eigentlich ein relativ geschlossenes Bild gegeben von einer Familie, die mit einem behinderten Kinderleben umgegangen ist und auch nach dem Tod noch ganz aktiv damit umgeht. Um so etwas zu verstehen in allen Details, müßte man den Film vielleicht auch als Erwachsener mehrfach sehen. Ich glaube nicht, daß eine Sendung gleichzeitig Rezepte transportieren kann, wie man mit sich selbst umzugehen hat, wenn einem die Umwelt etwas anbietet oder vorgibt. Und ich glaube nicht, daß die Sendung auf irgendeine unverantwortliche Weise Ängste mobilisiert hat. Die hat etwas thematisiert, was sich sonst kaum jemand anzusprechen traut. Was aber da ist und was von den meisten Kindern – und es war eine Sendung primär für Kinder – unheimlich rasch aufgegriffen wurde. Jenseits der Vielfalt der Reaktionen kenne ich kaum jemand, der die Sendung gesehen hat und nicht davon berührt war.

Sie sagten vorhin, daß viele Menschen sich auf ein Leben mit einem behinderten Kind gar nicht einlassen können. War Katharinas Familie, Ihrer Erfahrung nach, eine besondere Familie gewesen?

Prof. Voit: Jede Familie ist eine besondere Familie, und Katharinas Familie ist eine besondere Familie insofern, weil sie immer in der Lage war, mit einem hohen Improvisationsgrad zu leben und sehr erfinderisch war. Das ist eine persönliche Begabung. Und die macht das Leben bunter. Dieses kreative Lebensgefühl hat es ihnen schließlich auch ermöglicht, mit einer sehr schwierigen Situation sehr kreativ umzugehen. Das haben sie auch ihrem Kind vermittelt. Und das haben sie durchgehalten über den Tod hinaus. Letztendlich auch in der Produktion des Filmes, aber auch in der Todesanzeige (siehe S. 122). Sie ist Zeichen einer ganz kreativen Verarbeitung. Mit so einer Freude und Liebe und Lust. Es hätte auch eine Geburtstagsanzeige sein können. Sie sehen es der Anzeige als solcher nicht an. Auch

nicht dem Bild, das sie verschickt haben. Und nicht, weil die Trauer nicht da war oder gefehlt hat, sondern weil das so gehalten und umgesetzt war.

Ich glaube, daß viele Familien, die eine große Liebe für ihr behindertes Kind haben und es so umsetzen können, im Rahmen ihrer Möglichkeiten ebenso reagieren. Das setzt voraus, daß die Umwelt sie nicht zu sehr notorisch frustriert. Das gibt es. Unsere Umwelt ist nicht besonders behindertenfreundlich, auch nicht besonders kinderfreundlich. Und das Ganze potenziert sich, wenn es zusammenkommt. Wenn das Kind nicht auf die normale Schule gehen darf, obwohl es normal intelligent ist, weil die umliegenden Schulen sich alle weigern, ein Kind im Rollstuhl zu nehmen; wenn Nachbarn sich übel verhalten, weil sie sagen: Wir wollen nicht, daß bei uns ein Krüppel wohnt. Wenn die Familien sehr oft solche Dinge erfahren, kann es sein, daß dies bei manchen die Möglichkeit zur Kompensation einfach

KATHARINA
1.1.89
10.3.96

„Wenn Du bei Nacht den Himmel anschaust,
wird es Dir sein, als lachten alle Sterne,
weil ich auf einem von ihnen wohne."

(A. de Saint-Exupéry)

Katharina ist tot und wird doch immer bei uns sein
Sie wird am 14.03.96 um 12 Uhr auf dem
Friedhof beerdigt.

Christiane, Niko und Magdalena

übersteigt. Und ein Stück Trennung zwischen Eltern und Kind ausmacht. Aber ich denke, im Rahmen ihrer Möglichkeiten werden viele Familien alle positiven Kräfte entwickeln. Und ich kenne viele tolle Beispiele. Insofern würde ich nicht sagen, Katharinas Familie ist etwas völlig Außergewöhnliches oder vom anderen Stern gekommen. Das ist ein Stück Realität, daß Eltern das können.

Vorausgesetzt, sie erhalten auch Unterstützung durch ihr alltägliches Lebensumfeld.

Prof. Voit: Ich glaube, daß noch ein Punkt ganz wichtig ist, nämlich daß sie es geschafft haben und den Mut hatten, ein gesundes Kind zu kriegen, die Magdalena. Meine Erfahrung mit der Langzeitkarriere solcher Familien ist, daß wenn die Eltern auch gesunde Kinder haben und damit die Möglichkeit, mit diesen Kindern normal umzugehen, das Familienleben dadurch sehr stabilisiert wird;

auch das Leben des behinderten Kindes, weil es nämlich normaler behandelt wird. Weil die Eltern nicht das Gefühl bekommen, sie müßten eine absolute Symbiose mit dem Kind haben und alles für das Kind tun und alles recht machen, und der Tag nur schön sein kann, wenn dieses Kind optimal versorgt ist und halbwegs glücklich.

Diese Gefahr ist groß – gerade bei Müttern, die sich rund um die Uhr um ihr Kind kümmern, daß sie dann nur noch um das Kind herumglucken, der Mann völlig in Vergessenheit gerät und das Eheleben darniederliegt, das Liebesleben darniederliegt. Diese Familien sind im Nullkommanichts auseinander. Das ist eine der Standardkarrieren einer Familie, wenn ein behindertes Kind zur Welt kommt.

Wenn man – wie es bei Katharina war – ein durch zentronukleäre Myopathie behindertes Kind bekommen hat, besteht anschließend die

Gefahr, daß es beim nächsten Kind wieder so wird?

Prof. Voit: Ja - es ist eine genetische Geschichte. Je nachdem, welchen Erbmodus man annimmt, das ist nicht mit letzter Sicherheit zu sagen. Bei Katharinas Eltern lag das Wiederholungsrisiko zwischen 25 und 50 Prozent.

Haben Sie mit Katharinas Eltern vor der Geburt von Magdalena darüber gesprochen?

Prof. Voit: Ja. Das wurde lange vorher auf verschiedenen Ebenen diskutiert. Die behinderten Kinder sind immer psychisch gesünder, wenn sie gesunde Geschwister haben. Dann gibt es Auseinandersetzungen, es gibt Rivalitäten, da werden Konflikte ausgetragen, und da gibt es mal schlechte Laune, und dann ist man nicht immer der oder die Gute, sondern auch mal der Böse. Das ist ein Stück normales Leben. Und das macht die Kinder gesund, weil sie ein

normales Leben erleben. Das tun andere gesunde Kinder auch. Auch sie erleben, daß einer andere Fähigkeiten hat als der andere. Und einer glänzt im Sport, und einer glänzt in der Schule, und einer glänzt überhaupt nicht und mischt die Familie auf. Das ist ein Stück normales Familienleben, und das erleben die behinderten Kinder dann auch – aber nur dann.

Wie hätte Katharinas Familie reagiert, wenn Magdalena ebenso behindert gewesen wäre wie Katharina? Sicher mußten sich die Eltern fragen, ob sie gleiches für ein zweites Kind überhaupt schaffen können?

Prof. Voit: In dieser speziellen Situation wäre es wahrscheinlich so gewesen, daß man ein zweites Kind mit der gleichen Krankheit nach der Geburt nicht unbedingt reanimiert hätte. Und Reanimation wäre notwendig gewesen beim Wiederauftreten der gleichen Krankheit. Ich sage jetzt einfach realistisch, wie man die Sache bespricht. Das »Ja« oder »Nein« sollte immer geschehen im Einverständnis zwischen Geburtshelfer, Kinderarzt und der Familie. Wobei man natürlich die Frage stellen kann, aus der Sicht eines Behinderten auch völlig zurecht: Ich lebe mein Leben gern. Warum wollt ihr dem Nächsten die Chance, so ein Leben so zu leben und gerne zu leben, nehmen? Das ist die alte Frage auch bei der Abtreibungsdiskussion. Da auf einer anderen Ebene. Und für einen Arzt stellt sich diese Frage ganz häufig. Wie weit können, sollen und müssen wir unsere Apparatemedizin einsetzen, um Überleben um jeden Preis möglich zu machen.

Das ist dann wahrscheinlich auch eine Gratwanderung?

Prof. Voit: Ja, und es ist eine Einzelfallentscheidung. Das darf man als Arzt nicht präjudizieren, man muß es ansprechen, und man kriegt alle Antworten darauf. Manche

sagen: Bei uns ist es im Selbstverständnis oder auch in der Religion so fest verankert, daß wir wollen, daß unsere Kinder leben, um fast jeden Preis. Auch behinderte Kinder. – Da ist es überhaupt keine Diskussion.

Und es gibt Familien, die sagen: Es hat uns bis an die Neige unserer Kräfte belastet, dieses Kind großzuziehen, auch, weil wir es sehr geliebt haben. Diesen ganzen Weg würden wir nicht ein zweites Mal schaffen. Auch das ist eine realistische Situation. Also, das können vielleicht gesunde Leute, die nur gesunde Kinder haben, gar nicht beurteilen, was das bedeutet, ein Kind wie Katharina großzuziehen. Wo man, wenn sie einen Infekt hat, zwanzigmal in der Nacht oder auch dreißigmal aufsteht, um sie abzusaugen. Und nicht eine Nacht, sondern 10 Nächte hintereinander. Also, wer das nie gemacht hat, der kann da nicht so richtig mitreden.

400 bis 500 Katheter zum Absaugen der Lunge haben Katharinas Eltern im Durch-

schnitt monatlich verbraucht. Da kann man sich ja ausrechnen, wie häufig das pro Tag war und pro Nacht.

Prof. Voit: Und was das für eine Belastung für eine Familie bedeutet, keine Nacht durchzuschlafen! Die Leute stöhnen schon, wenn sie ein Neugeborenes haben, das sie dreimal in der Nacht weckt. Das ist wirklich Kikifax, weil die trinken dann was und schlafen dann wieder. Und das war am Anfang jede Nacht. Jede, jede, jede. Ohne Urlaub, ohne ein Wochenende frei.

Muß nachts häufiger abgesaugt werden als tagsüber?

Prof. Voit: Das ist nachts mehr notwendig, weil nachts der Vagotonus (Gegenspieler des Sympathikus im autonomen Nervensystem, *Anm. d. Hrsg.*) steigt und der Schleim zäher wird. Bei jedem. Dewegen bekommen die Asthmatiker ihre Probleme nachts, und wenn jemand ein Tracheostoma (eine Halskanüle, *Anm.*

d. Hrsg.) hat, dann hat der nachts viel zu tun. Das ist sehr belastend. Insofern ist es auch ein Stück reales Leben, in so einer Situation zu sagen: Einmal schaffen wir das. Zweimal würden wir das wahrscheinlich nicht schaffen.

Damals, als Katharinas Eltern überlegten, ob sie diese Sendung machen sollen, haben sie mit allen gesprochen, die mit Katharina etwas zu tun hatten, um Meinungen einzuholen. Wozu haben Sie geraten?

Prof. Voit: Ich fand das ganz toll!

Ganz spontan?

Prof. Voit: Ja, ohne Einschränkung. Ich finde es auch jetzt noch toll. Nach all den gemachten Erfahrungen. Es ist wunderbar. Einer meiner Standardratschläge an Eltern mit behinderten Kindern ist, sich nicht zu verstecken, sondern eine gewisse Öffentlichkeit zu suchen. Nicht um sich selber darzustellen, aber um für ihre

behinderten Kinder das Stückchen reales Leben auch in der Öffentlichkeit zu erobern, das ihnen zusteht. Wenn man sich mal im angloamerikanischen Sprachraum umschaut, in England, Amerika, ist der Umgang mit Behinderten ganz anders und viel offensiver. Nicht aggressiv, aber offensiver als bei uns.

Und dadurch auch selbstverständlicher?

Prof. Voit: Viel selbstverständlicher. Das ist bei uns in Deutschland ganz miserabel. Sie müssen nur mal gucken, wenn jemand mit dem Rollstuhl kommt und nicht in die Straßenbahn reinkommt, wer sich da spontan anbietet, ihn rein- und auch wieder rauszuheben.

Und das Auftreten der Behindertenverbände in der Öffentlichkeit ist, verglichen mit anderen Ländern in ganz Europa, ohne große Öffentlichkeitswirksamkeit.

Wenn Sie z.B. die französische Muskelgesellschaft neh-

men, die machen einen Fernseh-Marathon, ein »Telethon«, 24 Stunden, jedes Jahr. Dort ist es absolut selbstverständlich, daß alle Größen des Films, der Literatur und des Sports im großen Stadion in Paris einen Riesenauftritt haben. Und als Nebenprodukt 20 Millionen Dollar einspielen. Um die Versorgung zu stärken. Der gleiche Verband in Deutschland versteckt sich und bringt an Spendengeldern für die Forschung im Jahr 200.000 DM auf. Das ist deutsche Realität.

Welche Gründe spielen Ihrer Ansicht nach eine Rolle?

Prof. Voit: Wir sind im Moment eine sehr auf Effizienz ausgerichtete Gesellschaft. Wobei Effizienz ja nicht per se etwas Schlechtes ist. Ich versuche auch, meinen eigenen Laden effizient zu gestalten. Es bleibt nur wenig Raum für andere Dinge, wenn man sich den Tag vollpackt mit lauter Sachen, die abzuarbeiten sind, und darin sind die Deutschen gut. Die Deutschen sind auch gut

125

Esma (o. A.)

im Regeln-Machen. D.h. es gibt 100.000 Regeln, gesetzlicher und anderer Art, die auch noch zu beachten sind, und man macht sich den Tag dadurch zu. Es bleibt relativ wenig Zeit für alles, was man in das Kapitel Miterleben, Mitleid – aber Mitleid nicht als etwas tränenrühriges, sondern als Mitgefühl – und Miterfahrung packen kann. Und das ist sicher anders als in anderen Ländern.

Das erlebt man besonders, wenn man viel mit den Familien zu tun hat, die eher auf der Schattenseite stehen oder die in dieses Funktionsgeflecht nicht nahtlos reinpassen, weil sie zum Beispiel ein behindertes Kind haben. Ein Hauptproblem in Deutschland ist, daß wir einfach zu wenig Geld haben, für seltene Krankheiten Forschungen zu betreiben. Seltene Krankheiten sind für das Individuum, das davon betroffen ist, eine Hundertprozentgeschichte. Es kann sich gar nichts davon kaufen, daß diese Krankheit in der Gesamtbevölkerung selten auftritt. Und die Summe der seltenen Krankheiten ist häufig, nämlich 3 Prozent aller neugeborenen Kinder haben einen genetischen Defekt. Das ist relevant: 3 von 100!

Wir haben ein überproportional hohes Spendenaufkommen für Krebs und für Aids. Halt für so öffentlichkeitswirksame Themen, wo jeder Erwachsene sich sein Standardrisiko ausrechnen kann, 30 Prozent bei Krebs, und sich von daher nahtlos damit identifizieren kann, wahrscheinlich auch entsprechende Erfahrungen in der Familie gemacht hat. Dafür gibt es unproportional viel Geld. Für die Dinge, die man nicht so schlagwortartig behandeln kann, die aber genauso wichtig sind, für die gibt es ganz wenig. Viel zuwenig. Wir hinken weit hinter Frankreich, Italien und hinter England her. Weit in bezug auf die Forschung. Und Wege zur Hilfe wird es letztendlich nur über Forschung geben.

Was kann eine Sendung wie die »Geschichte von Katharina«, ausgestrahlt an einem Sonntagmorgen, diesbezüglich bewirken?

Prof. Voit: Ich glaube, daß ein Teil des großen Echos dieser *Sendung mit der Maus* über Katharina daher kommt, daß sie ein ganz ursprüngliches Bedürfnis anspricht, nämlich nach objektiver Information über Leben. Ich finde das Projekt toll, und ich freue mich sehr über das Echo. Nicht nur über das Echo im Bereich der Zuschauer, der Familien und der Kinder, sondern auch darüber, daß die Sendung eine überregionale Akzeptanz auf einer anderen Ebene gefunden hat. Was nicht zuletzt und nicht alleine mit dem »Goldenen Löwen« dokumentiert wurde. Das zeigt, daß sie etwas Richtiges angestoßen hat. Und eigentlich müßte es mehr in dieser Richtung geben. Und daß das nicht einfach war, das anzugehen, zeigen die Diskussionen im Vorfeld. Alle haben sich ja Gedanken gemacht, ob man das machen soll.

Ja, vor allem Katharinas Eltern, die sich sicher nicht nur einmal gefragt haben: Haben wir die Kraft dazu?

Prof. Voit: Ich finde, daß Katharinas Eltern das ganz überzeugend durchgehalten haben. Das ist eine weitere Geschichte mit Katharina. Ich würde gar nicht sagen: für Katharina, sondern mit Katharina. Die lebt einfach ein Stück fort in der Familie. Auf diese Weise. Das haben sie bewundernswert umgesetzt. Gerade wenn man sehr traurig ist, gibt es ja auch die Tendenz zu sagen, also das macht mich so traurig, da kann ich gar nicht dran hinrühren. Dann stelle ich es besser irgendwo ab, wo ich nicht dauernd damit konfrontiert werde. Und ich glaube, das haben sie mehrfach erlebt auf dem Weg. Daß es so traurig war, daß sie es fast nicht aushalten konnten. Auch den Film zu sehen letztendlich, und das Ganze nochmals an sich heranzulassen. Aber sie haben ihr Kind weiter bei sich. So real und lebendig, wie es über den Tod hinaus möglich sein kann. Das ist etwas Bewundernswertes. Und etwas ganz Schönes.

Prof. Dr. Voit ist Direktor der Abteilung Allgemeine Kinderheilkunde mit Schwerpunkt Neuropädiatrie am Universitätsklinikum Essen.

ANHANG

Adressen von
Organisationen
und Vereinen,
die betroffenen
Familien
weiterhelfen
können

Deutsche Gesellschaft für Muskelkranke
Helga Klier
Im Moos 4
79112 Freiburg
07665/94 47-30
Mo, Di, Do, Fr 8.00-12.00 Uhr

Auf Muskelerkrankungen - darunter zentro-nukleäre Myopathie - bezogen, ist die Gesellschaft Ansprechpartner für Spezialkliniken, Therapien u.ä.

Der **Elektrorollstuhl** für Kinder, den Katharina hatte, heißt LOX und ist unter anderem zu beziehen über den

Reha Team RSD
Lahnstr. 26
45478 Mülheim/Ruhr

Organisationen und Vereine, die bei konkreten Anfragen zu einzelnen Krankheiten weiterhelfen:

Kindernetzwerk e.V.
für kranke und behinderte Kinder und
Jugendliche in der Gesellschaft
Hanauer Str. 15
63739 Aschaffenburg
06021/120 30
0180/521 37 39
Mo, Di, Do 9.00-12.00 Uhr

Das Kindernetzwerk bietet eine bundesweit einmalige Datenbank mit Kontaktadressen von anderen Betroffenen, Eltern-Selbsthilfegruppen, Selbsthilfeverbänden und -zentren. Spezial-Datenbanken und Sorgentelefone, Literatur-übersichten zu bestimmten Krankheiten, Forschungs- und Modellprojekte und Stiftungen. Bei schriftlichen Anfragen muß Rückporto in Höhe von mind. 3,- DM beigelegt werden.

Umfassende Informationen bietet auch das vom Kindernetzwerk e.V. herausgegebene Buch:
Wer hilft weiter?
Ein bundesweiter Wegweiser (48,- DM)

**NAKOS -
Nationale Kontakt- und
Informationsstelle zur Anregung und
Unterstützung von Selbsthilfegruppen
Albrecht-Achilles-Str. 65
10707 Berlin
Tel.: 030/891 40 19
Fax: 030/893 40 14
Di, Mi, Fr 9.00-13.00 Uhr,
Do 13.00-17.00 Uhr**

Die NAKOS gibt zwei Hefte heraus, in denen Selbsthilfegruppen und -vereine aus allen Bereichen aufgeführt sind: 1. Bundesweite Adressen und relevante Institutionen (»Grüne Adressen«) und 2. Lokale/Regionale Selbsthilfegruppen in der BRD (»Rote Adressen«). Die Hefte sind kostenlos zu beziehen. Die Themen der aufgeführten Gruppen sind sehr breit gestreut. »Kinderspezifisch« wendet man sich besser an das Kindernetzwerk.

Bundesarbeitsgemeinschaft
**Hilfe für Behinderte e.V.
Kirchfeldstr. 149
40215 Düsseldorf
Tel.: 0211/31 00 60**

Dachverband für Selbsthilfeorganisationen im Behindertenbereich: In den einzelnen Bundesländern existieren entsprechende Landesarbeits-

gemeinschaften, deren Adressen bei der Bundesarbeitsgemeinschaft erfragt werden können. Umfangreicher Informations- und Literaturdienst, diverse Materialien und Arbeitshilfen.

Bundesarbeitsgemeinschaft
**»Gemeinsam leben, gemeinsam lernen -
Eltern gegen Ausgrenzung«**

**Dr. Christa Roebke
Auguste-Viktoria-Str. 55
50321 Brühl**

Inhalt ihrer Arbeit ist die Behindertenintegration. Es existieren Landesarbeitsgemeinschaften und regionale Gruppierungen. Darüber hinaus bietet auch die Zeitung »Gemeinsam leben« (Luchterhand) zahlreiche Informationen zum Thema.

Verwaiste Eltern in Deutschland e.V.
Esplanade 15
20354 Hamburg

Für Eltern, die sich in Selbsthilfegruppen mit dem Tod ihrer Kinder auseinandersetzen möchten. Es existieren bundesweit regionale Vereine, deren Adressen über den Bundesverband in Hamburg zu erfragen sind.

Wegweiser/Verzeichnisse

**Das Bundesministerium
für Arbeit und Soziales,
Postfach 14 02 80,
53107 Bonn,
Tel.: 0228/527 11 11,**
gibt folgende Informationsbroschüren heraus:

- *Frühförderung.* Einrichtungen und Stellen der Frühförderung in der BRD (Adressen, Telefonnummern, Träger und Kurzinfos)
- *Ratgeber für Behinderte*
- *Berufsbildungswerke.* Einrichtungen zur beruflichen Eingliederung jugendlicher Behinderter. (Verzeichnis aller Ausbildungsstätten in der BRD, berufliche und gesellschaftliche Rehabilitation)

Informationen und Tips für Schwerbehinderte sind auch über die **Ministerien für Gesundheit und Soziales** der einzelnen Bundesländer zu bekommen.

Staatliche bzw. städtische Hilfe gibt es außerdem in jeder Stadt bei folgenden Ämtern:

- **Gesundheitsamt, Sozialamt** (hier erhält man auch die Ratgeber des Bundesministeriums für Arbeit und Soziales) und das Jugendamt - Fachabteilung für behinderte Kinder (Informationen über Frühförderung und heilpädagogische Tageseinrichtungen)

Verbände der freien Wohlfahrtspflege
- Arbeiter-Samariter-Bund
- Arbeiterwohlfahrt
- Caritasverband
- Deutsches Rotes Kreuz
- Deutscher Paritätischer Wohlfahrtsverband
- Evangelische Diakonie
- Johanniter-Unfallhilfe
- Malteser-Hilfsdienst

Für diejenigen, die finanziell Hilfe leisten möchten, schlagen wir zwei Vereine vor, die eng mit Katharinas Leben verbunden waren und sich der Erforschung neuromuskulärer Erkrankungen resp. der Frühförderung körperbehinderter Kinder widmen:

Impuls
(Initiative Muskel- und Nervenforschung e.V.)
Alte Ley 1, 42781 Haan
Bankverbindung: Kreissparkasse Düsseldorf
BLZ: 301 502 00   Kto.-Nr.: 1030000

**Förderverein des
Förderungszentrums für Kinder e.V.**
Bankverbindung: Commerzbank Düsseldorf
BLZ 300 4 0000 Kto.-Nr.: 598 33 33
Stichwort: »Katharina«